EXORTAÇÃO APOSTÓLICA PÓS-SINODAL

ECCLESIA IN AMERICA

A IGREJA NA AMÉRICA

DO SANTO PADRE JOÃO PAULO II

AOS BISPOS, AOS PRESBÍTEROS E AOS DIÁCONOS,
AOS CONSAGRADOS E ÀS CONSAGRADAS
E A TODOS OS FIÉIS LEIGOS
SOBRE O ENCONTRO COM JESUS CRISTO VIVO,
CAMINHO PARA A CONVERSÃO,
A COMUNHÃO E A SOLIDARIEDADE NA AMÉRICA

Direção geral: *Ivani Pulga*
Coordenação editorial: *Noemi Dariva*
Gerente de produção: *Antonio Cestaro*

3ª edição – 2005

Nenhuma parte desta obra poderá ser reproduzida ou transmitida por qualquer forma e/ou quaisquer meios (eletrônico ou mecânico, incluindo fotocópia e gravação) ou arquivada em qualquer sistema ou banco de dados sem permissão escrita da Editora. Direitos reservados.

Paulinas
Rua Pedro de Toledo, 164
04039-000 – São Paulo – SP (Brasil)
Tel.: (11) 2125-3549 – Fax.: (11) 2125-3548
http://www.paulinas.org.br – editora@paulinas.org.br
Telemarketing e SAC: 0800-7010081

© Pia Sociedade Filhas de São Paulo – São Paulo, 1999

INTRODUÇÃO

1. A Igreja na América, cheia de alegria pela fé recebida e agradecida a Cristo por este dom imenso da fé, celebrou recentemente o quinto centenário do início da pregação do Evangelho em seu próprio território. Esta comemoração tornou todos os católicos americanos mais conscientes do anseio que Cristo tem de encontrar os habitantes do chamado Novo Mundo, para incorporá-los na sua Igreja e, desta forma, fazer-se presente na história do Continente. A evangelização da América não é somente um dom do Senhor; é também fonte de novas responsabilidades. Graças à ação dos que evangelizaram o Continente em todas as direções, inumeráveis filhos nasceram da Igreja e do Espírito Santo.[1] Nos seus corações, tanto no passado como atualmente, continuam ecoando as palavras do Apóstolo: «Anunciar o Evangelho, não é glória para mim; é uma obrigação que se me impõe. Ai de mim, se eu não anunciar o Evangelho!» (1Cor 9,16). Este dever baseia-se no mandato conferido pelo Senhor ressuscitado aos Apóstolos, antes da sua Ascensão ao céu: «Pregai o Evangelho a toda criatura» (Mc 16,15).

Este mandato diz respeito a toda a Igreja, e a Igreja que está na América, neste particular momento da sua

---

1. A este respeito, é significativa a antiga inscrição no batistério de São João de Latrão: «Virgineo foetu Genitrix Ecclesia natos – quos spirante Deo concipit amne parit» (E. DIEHL, *Inscriptiones latinae christiane veteres,* n. 1513, I.I, Berolini 1925, p. 289).

história, é chamada a acolhê-lo, respondendo, com amorosa generosidade, à tarefa fundamental da evangelização. Meu predecessor Paulo VI, o primeiro Papa que visitou a América, o sublinhava em Bogotá: «Caberá a nós, [Senhor Jesus], como teus representantes e administradores dos teus divinos mistérios (cf. 1Cor 4,1; 1Pd 4,10), difundir entre os homens os tesouros da tua palavra, da tua graça, dos teus exemplos».[2] O dever da evangelização constitui, para o discípulo de Cristo, uma urgência ditada pela caridade: «O amor de Cristo nos constrange» (2Cor 5,14), afirma o Apóstolo Paulo, recordando a obra do Filho de Deus com o seu sacrifício redentor: «Um só morreu por todos [...], a fim de que os que vivem, já não vivam para si, mas para Aquele que por eles morreu e ressurgiu» (2Cor 5,14-15).

A comemoração de ocorrências particularmente evocadoras do amor de Cristo por nós suscita no coração, junto ao agradecimento, a necessidade de «anunciar as maravilhas de Deus», ou seja, a necessidade de evangelizar. Assim, a lembrança da recente celebração dos quinhentos anos da chegada da mensagem evangélica à América, isto é, desde que Cristo chamou a América à fé, e o próximo Jubileu, no qual a Igreja celebrará os 2000 anos da encarnação do Filho de Deus, são ocasiões privilegiadas nas quais eleva-se espontaneamente com mais força do coração a expressão da nossa gratidão ao Senhor. Consciente da grandeza dos dons recebidos, a Igreja peregrina na América deseja partilhar a riqueza da fé e da comunhão em Cristo com toda a sociedade, e com cada um dos homens e mulheres que vivem em terra americana.

---

2. Homilia por ocasião das ordenações diaconais e presbiterais em Bogotá (22 de agosto de 1968): *AAS* 60 (1968), 614-615.

A idéia de celebrar esta Assembléia sinodal

2.   No mesmo dia em que completavam-se os quinhentos anos do início da evangelização da América, dia 12 de outubro de 1992, desejando abrir novos horizontes e dar renovado impulso à evangelização, no discurso de abertura dos trabalhos da IV Conferência Geral do Episcopado Latino-Americano em Santo Domingo, fiz a proposta de um encontro sinodal, «visando a incrementar a cooperação entre as diversas Igrejas particulares» para juntos enfrentar, no âmbito da nova evangelização e como expressão da comunhão episcopal, «os problemas relativos à justiça e à solidariedade entre todas as nações da América».[3] A reação positiva com a qual os Bispos da América acolheram minha indicação permitiu-me anunciar na Carta apostólica *Tertio millennio adveniente* o propósito de convocar uma Assembléia Sinodal «sobre as problemáticas da nova evangelização em duas partes do mesmo Continente tão diversas entre si pela origem e pela história, e sobre as temáticas da justiça e das relações econômicas internacionais, tendo em conta a enorme disparidade entre Norte e Sul».[4] Assim foi possível iniciar os trabalhos preparatórios propriamente ditos, e chegar finalmente à celebração da Assembléia Especial do Sínodo dos Bispos para a América, que teve lugar no Vaticano de 16 de novembro a 12 de dezembro de 1997.

---

3. N. 17: AAS 85 (1993), 820.
4. N. 38: *AAS* 87 (1995), 30.

O tema da Assembléia

3.   De acordo com a idéia inicial e após ter ouvido as
sugestões do Conselho pré-sinodal, expressão viva do pen-
samento de muitos Pastores do Povo de Deus no Continente americano, enunciei o tema da Assembléia Especial
do Sínodo para a América na seguinte forma: «Encontro
com Jesus Cristo vivo, caminho para a conversão, a comunhão e a solidariedade na América». Assim formulado, o tema manifesta com clareza a centralidade da pessoa de Jesus Cristo ressuscitado, presente na vida da Igreja, que convida à conversão, à comunhão e à solidariedade. O ponto de partida deste programa de evangelização
é, certamente, o encontro com o Senhor. O Espírito Santo, dom de Cristo no mistério pascal, guia-nos em direção
às metas pastorais que a Igreja na América deve alcançar
no terceiro milênio cristão.

A celebração da Assembléia
como experiência de encontro

4.   A experiência vivida durante a Assembléia teve, sem
dúvida, o caráter de um encontro com o Senhor. Lembro
com satisfação, de modo particular, as duas concelebra-
ções solenes que eu mesmo presidi na Basílica de São
Pedro respectivamente na inauguração e no encerramento
dos trabalhos da Assembléia. O contato com o Senhor
ressuscitado, verdadeira, real e substancialmente presente
na Eucaristia, constituiu o clima espiritual que permitiu a
todos os Bispos da Assembléia Sinodal de se reconhecerem não só como irmãos no Senhor, mas também como

membros do Colégio Episcopal, desejosos de seguir, sob a presidência do Sucessor de Pedro, as pegadas do Bom Pastor, servindo a Igreja peregrina em todas as regiões do Continente. A todos ficou patente a alegria dos participantes na Assembléia, que nela descobriam uma excepcional ocasião de encontro com o Senhor, com o Vigário de Cristo, com tantos Bispos, sacerdotes, consagrados e leigos vindos de todas as partes do Continente.

Alguns fatores precedentes contribuíram sem dúvida, de modo indireto mas eficaz, para garantir este clima de encontro fraterno na Assembléia Sinodal. Em primeiro lugar, há que assinalar as experiências de comunhão vividas anteriormente nas Assembléias Gerais do Episcopado Latino-Americano no Rio de Janeiro (1955), Medellín (1968), Puebla (1979) e Santo Domingo (1992). Nelas, os Pastores da Igreja que está na América Latina tiveram ocasião de refletir juntos como irmãos sobre as questões pastorais mais urgentes naquela região do Continente. A estas Assembléias devem-se acrescentar as reuniões periódicas interamericanas de Bispos, nas quais os participantes tiveram a possibilidade de se abrirem aos horizontes de todo o Continente, dialogando acerca dos problemas e desafios comuns que dizem respeito à Igreja nos Países americanos.

Contribuir para a unidade do Continente

5. Na primeira proposta, que fiz em Santo Domingo, relativa à possibilidade de celebrar-se uma Assembléia Especial do Sínodo, assinalei que «a Igreja, já no limiar do terceiro milênio da era cristã e numa época em que

caíram muitas barreiras e fronteiras ideológicas, sente como um dever iniludível unir espiritualmente ainda mais todos os povos que formam este grande Continente e, ao mesmo tempo, a partir da missão religiosa que lhe é própria, incentivar o espírito solidário entre todos eles».[5] Os elementos comuns a todos os povos da América, entre os quais ressalta uma comum identidade cristã e um sincero empenho na consolidação dos vínculos de solidariedade e comunhão entre as diversas expressões do rico patrimônio cultural do Continente, constituem o motivo decisivo que me levou a pedir que a Assembléia Especial do Sínodo dos Bispos dedicasse as suas reflexões à América como uma única realidade. A escolha de usar a palavra no singular queria significar não só a unidade, sob certos aspectos já existente, mas também aquele vínculo mais estreito ao qual os povos do Continente aspiram e que a Igreja deseja favorecer, no âmbito da própria missão dirigida a promover a comunhão no Senhor.

No quadro da nova evangelização

6. Na perspectiva do Grande Jubileu do Ano 2000, quis que houvesse uma Assembléia Especial do Sínodo dos Bispos para cada um dos cinco Continentes: depois daquelas dedicadas à África (1994), à América (1997), à Ásia (1998) e ultimamente à Oceania (1998), neste ano de 1999, com a ajuda do Senhor, será celebrada uma nova Assembléia Especial para a Europa. Deste modo,

---

5. Discurso de abertura da IV Conferência Geral do Episcopado Latino-Americano (12 de outubro de 1992), 17: *AAS* 85 (1993), 820-821.

durante o ano jubilar será possível uma Assembléia Geral Ordinária que sintetize e tire as conclusões dos preciosos elementos que as distintas Assembléias continentais foram elaborando. Isto será facilitado pelo fato que em todos estes Sínodos houve preocupações semelhantes e centros comuns de interesse. Neste sentido, referindo-me a esta série de Assembléias Sinodais, pus em destaque que em todas elas «o tema de fundo é o da evangelização, ou melhor, da *nova evangelização*, cujas bases foram colocadas pela Exortação Apostólica *Evangelii nuntiandi* de Paulo VI».[6] Por isso, tanto na minha primeira alusão à celebração desta Assembléia Especial do Sínodo como, mais tarde, no anúncio explícito da mesma depois que todas as Conferências Episcopais da América assumiram a idéia, indiquei que suas deliberações deviam mover-se «no âmbito da nova evangelização»,[7] enfrentando os problemas com ela derivados.[8]

Esta preocupação era ainda mais evidente, devido ao fato de eu ter formulado pela primeira vez o programa de uma nova evangelização por terras americanas. Com efeito, quando a Igreja em toda a América se preparava para recordar os quinhentos anos do início da primeira evangelização do Continente, falando ao Conselho Episcopal Latino-Americano em Port-au-Prince (Haiti), afirmei: «A comemoração de meio milênio de evangelização terá o seu significado pleno se for um renovado compro-

---

6. JOÃO PAULO II, Carta ap. *Tertio millennio adveniente* (10 de novembro de 1994), 21: *AAS* 87 (1995), 17.

7. *Discurso de abertura da IV Conferência Geral do Episcopado Latino-Americano* (12 de outubro de 1992), 17: *AAS* 85 (1993), 820.

8. Cf. Carta ap. *Tertio millennio adveniente* (10 de novembro de 1994), 38: *AAS* 87 (1995), 30.

misso da vossa parte, como Bispos, juntamente com o vosso Presbitério e fiéis, compromisso não certamente de re-evangelização mas de uma evangelização nova. Nova no seu entusiasmo, nos seus métodos, na sua expressão». [9] Posteriormente, convidei toda a Igreja a levar a cabo tal exortação, apesar de que o programa de evangelização, olhando à grande variedade que o mundo de hoje apresenta, deva-se diversificar a começar por duas situações claramente opostas: a dos países fortemente atingidos pelo secularismo e a dos outros onde «ainda se conservam bem vivas as tradições de piedade e de religiosidade popular cristã». [10] Trata-se, sem dúvida, de duas situações presentes, em distinto grau, ora nos diferentes países, ora nos diversos ambientes concretos dos mesmos países do Continente americano.

Com a presença e a ajuda do Senhor

7. O mandato de evangelizar, que o Senhor ressuscitado deixou à sua Igreja, está acompanhado da certeza, baseada na sua promessa, de que ele continua vivo e agindo entre nós: «Eis que estou convosco todos os dias, até o fim do mundo» (Mt 28,20). Esta misteriosa presença de Cristo na sua Igreja constitui para ela uma garantia de sucesso no cumprimento da tarefa que lhe foi confiada. Ao mesmo tempo, tal presença torna possível o nosso encontro com ele, como Filho enviado pelo Pai, como

---

9. *Discurso de abertura da XIX Assembléia do CELAM* (9 de março de 1983), III: *AAS* 75 (1983), 778.

10. João Paulo II, Exort. Ap. pós-sinodal *Christifideles laici* (30 de dezembro de 1988), 34: *AAS* 81 (1989), 454.

Senhor da Vida que nos comunica o seu Espírito. Um renovado encontro com Jesus Cristo conscientizará todos os membros da Igreja na América do fato de ser chamados a continuar a missão do Redentor em suas terras.

O encontro pessoal com o Senhor, se for autêntico, trará também consigo a renovação eclesial: as Igrejas particulares do Continente, como Igrejas irmãs e vizinhas entre si, aumentarão os vínculos de cooperação e de solidariedade, para prolongar e tornar mais incisiva a obra salvadora de Cristo na história da América. Em atitude de abertura à unidade, fruto de uma autêntica comunhão com o Senhor ressuscitado, as Igrejas particulares, e nelas cada um dos seus membros, descobrirão, através da própria experiência espiritual, que o «encontro com Jesus Cristo vivo» é «caminho de conversão, de comunhão e de solidariedade». E, na medida em que estas metas forem alcançadas, tornar-se-á possível uma dedicação sempre maior à nova evangelização da América.

CAPÍTULO I

O ENCONTRO
COM JESUS CRISTO VIVO

«Encontramos o Messias» (Jo 1,41)

Os encontros com o Senhor no Novo Testamento

8.   Os Evangelhos mencionam numerosos encontros de Jesus com homens e mulheres da sua época. Uma característica comum a todas estas narrações é a força transformadora que encerram e manifestam os encontros com Jesus, visto que «desencadeiam um autêntico processo de conversão, comunhão e solidariedade».[11] Um dos encontros mais significativos é o da samaritana (cf. Jo 4,5-42). Jesus a chama para saciar sua sede, que não era só material: na verdade, «Aquele que lhe pedia de beber, tinha sede da fé da mulher mesma».[12] Dizendo-lhe «dá-me de beber» (Jo 4,7) e falando-lhe de água viva, o Senhor suscita na samaritana uma pergunta, quase uma súplica, cujo verdadeiro objetivo supera algo que ela, naquele momento, não é capaz de compreender: «Senhor, dá-me dessa água, para eu já não ter mais sede» (Jo 4,15). Na verdade, a samaritana, mesmo se «ainda não compreende»,[13] está pedindo aquela água viva de que fala o seu

---

11. *Propositio* 3.
12. S. Agostinho, *Trat. in Joh.,* 15, 11: *CCL* 36, 154.
13. *Ibid.* 15, 17: *l.c.,* 156.

divino Interlocutor. Quando Jesus lhe revela a própria messianidade (cf. Jo 4,26), a samaritana sente-se movida a ir anunciar aos seus conterrâneos a descoberta do Messias (cf. Jo 4,28-30). Da mesma forma, quando Jesus encontra Zaqueu (cf. Lc 19,1-10), o fruto mais precioso é a conversão do publicano, que toma consciência das injustiças cometidas e decide devolver com largueza — «o quádruplo» — a quem tinha defraudado. Além disso, assume uma atitude de desprendimento dos bens materiais e de caridade para com os indigentes, que o leva a dar aos pobres a metade das suas posses.

Uma menção especial merecem os encontros com Cristo ressuscitado, narrados no Novo Testamento. Graças ao seu encontro com o Senhor, Maria Madalena supera o desânimo e a tristeza causados pela morte do Mestre (cf. Jo 20,11-18). Na sua nova dimensão pascal, Jesus convida-a a ir anunciar aos discípulos que ele ressuscitou: «Vai a meus irmãos» (Jo 20,17). É por isso que Maria Madalena pôde ser chamada «a apóstola dos apóstolos». [14] Por sua vez, os discípulos de Emaús, depois de terem encontrado e reconhecido o Senhor ressuscitado, voltam para Jerusalém para contar aos apóstolos e aos outros discípulos o que lhes tinha acontecido (cf. Lc 24,13-35). Jesus, «começando por Moisés, percorrendo todos os profetas, explicava-lhes o que dele se achava dito em todas as Escrituras» (Lc 24,27). Mais tarde, eles reconhecerão que o seu coração se abrasava enquanto o Senhor, ao longo do

---

14. «Salvator ...ascensionis suae eam (Mariam Magdalenam) ad apostolos instituit apostolam». RABANO MAURO, *De vita beatae Mariae Magdalenae*, 28: *PL* 112, 1574. Cf. S. PEDRO DAMIÃO, *Sermo 56*: *PL* 144, 820; HUGO DE CLUNI, *Commonitorium*: *PL* 159, 952; S. TOMÁS DE AQUINO, *In Joh. Evang. expositio,* 20,3.

caminho, conversava com eles e lhes explicava as Escrituras (cf. Lc 24,32). Não resta dúvida de que São Lucas, ao narrar este episódio, e especialmente o momento decisivo no qual os dois discípulos reconhecem Jesus, alude explicitamente às narrações da instituição da Eucaristia, ou seja, ao comportamento de Jesus na última Ceia (cf. Lc 24,30). O evangelista, para contar o que os discípulos de Emaús narram aos Onze, utiliza uma expressão que, na Igreja primitiva, possuía um preciso significado eucarístico: «Tinham-no reconhecido ao partir o pão» (Lc 24,35).

Entre os encontros com o Senhor ressuscitado, um dos que tiveram uma influência decisiva na história do cristianismo foi, sem dúvida, a conversão de Saulo, o futuro Paulo, Apóstolo das gentes, no caminho para Damasco. Foi ali que se deu a mudança radical da sua vida, passando de perseguidor a apóstolo (cf. At 9,3-30; 22,6-11; 26,12-18). O mesmo Paulo fala desta extraordinária experiência como uma revelação do Filho de Deus, «a fim de que eu O tornasse conhecido entre os gentios» (Gl 1,16).

O convite do Senhor respeita sempre a liberdade dos chamados. Existem certos casos em que o homem, encontrando-se com Jesus, resiste à mudança de vida para a qual ele o convida. São numerosos os casos de pessoas contemporâneas de Jesus que o viram e ouviram, sem que, no entanto, tenham-se aberto à sua palavra. O Evangelho de são João vê no pecado a causa que impede o ser humano de abrir-se à luz que é Cristo: «A luz veio ao mundo, mas os homens amaram mais as trevas do que a luz, pois as suas obras eram más» (Jo 3,19). Os textos evangélicos ensinam que o apego às riquezas constitui um obstáculo para receber o chamado a seguir total e generosamente a Jesus. Típico, a este respeito, é o caso do jovem rico (cf. Mt 19,16-22; Mc 10,17-22; Lc 18,18-23).

Encontros pessoais e encontros comunitários

9.   Alguns encontros com Jesus, referidos pelos Evangelhos, são claramente pessoais como, por exemplo, os chamados vocacionais (cf. Mt 4,19; 9,9; Mc 10,21; Lc 9,59). Neles, Jesus dialoga na intimidade com os seus interlocutores: «Rabi (que quer dizer Mestre), onde moras?» [...] «Vinde e vede» (Jo 1,38-39). Mas, em outras ocasiões, os encontros adquirem um caráter comunitário. Assim são, de modo particular, os encontros com os Apóstolos, que têm uma importância fundamental para a constituição da Igreja. Com efeito, os Apóstolos, escolhidos por Jesus dentre a vasta gama dos discípulos (cf. Mc 3,13-19; Lc 6,12-16), são objeto de uma especial formação e de um trato mais íntimo. Às multidões Jesus fala com parábolas, para, logo a seguir, explicá-las aos Doze: «Porque a vós é dado compreender os mistérios do reino dos céus, mas a eles, não» (Mt 13,11). Eles são chamados a ser os anunciadores da Boa Nova e a desempenhar uma missão especial para construir a Igreja com a graça dos Sacramentos. Com esta finalidade eles recebem o necessário poder: Jesus lhes confere o poder de perdoar os pecados, invocando a plenitude do próprio poder que o Pai lhe deu no céu e na terra (cf. Mt 28,18). Eles serão os primeiros a receber o dom do Espírito Santo (cf. At 2,1-4) dom esse conferido depois a todos os que, pelos Sacramentos de iniciação, serão incorporados na Comunidade cristã (cf. At 2,38).

O encontro com Cristo no tempo da Igreja

10.　A Igreja constitui o lugar onde os homens, encontrando a Jesus, podem descobrir o amor do Pai: com efeito, quem viu a Jesus, viu o Pai (cf. Jo 14,9). Jesus, neste tempo após a sua ascensão ao céu, atua através da poderosa intervenção do Espírito Paráclito (cf. Jo 16,7), que transforma os fiéis, dando-lhes a nova vida. Desta forma, eles tornam-se capazes de amar com o mesmo amor de Deus, «que foi derramado em nossos corações pelo Espírito Santo que nos foi dado» (Rm 5,5). A graça divina torna os cristãos capazes de ser transformadores do mundo, nele construindo uma nova civilização, que o meu predecessor Paulo VI oportunamente chamou «a civilização do amor».[15]

De fato, «o Verbo de Deus, tendo assumido a natureza humana em tudo, à exceção do pecado (cf. Hb 4,15), manifesta o plano do Pai de revelar à pessoa humana o modo de chegar à plenitude da própria vocação [...]. Desta forma, Jesus não só reconcilia o homem com Deus, mas o reconcilia também consigo próprio, revelando-lhe a sua própria natureza».[16] Com estas palavras, os Padres Sinodais, na esteira do Concílio Vaticano II, reafirmaram que Jesus é o caminho a ser seguido para se alcançar a plena realização pessoal, cujo ponto culminante é o encontro definitivo e eterno com Deus. «Eu sou o caminho, a verdade e a vida. Ninguém vem ao Pai senão por mim» (Jo 14,6). Deus nos «predestinou para ser conformes à

---

15. *Alocução no encerramento do Ano Santo* (25 de dezembro de 1975): *AAS* 68 (1976), 145.

16. *Propositio*, 9; cf. Conc. Ecum. Vat. II, Const. past. sobre a Igreja no mundo contemporâneo *Gaudium et spes*, 22.

imagem do seu Filho, a fim de que Este seja o primogênito entre muitos irmãos» (Rm 8,29). Jesus Cristo é, portanto, a resposta definitiva à pergunta acerca do sentido da vida, às questões fundamentais que inquietam hoje tantos homens e mulheres do Continente Americano.

Por meio de Maria encontramos a Jesus

11.   Tendo nascido Jesus, vieram os Magos do Oriente a Belém e «acharam o menino com Maria, sua mãe» (Mt 2,11). No início da vida pública, durante as bodas em Caná, quando o Filho de Deus realiza o primeiro dos sinais, suscitando a fé dos discípulos (cf. Jo 2,11), é Maria que intervém predispondo os servos para obedecer a seu Filho, com estas palavras: «Fazei o que ele vos disser» (Jo 2,5). A este respeito, escrevi numa outra ocasião: «A Mãe de Cristo apresenta-se diante dos homens como *porta-voz da vontade do Filho*, como quem indica aquelas exigências que devem ser satisfeitas, para que possa manifestar-se o poder salvífico do Messias».[17] Por este motivo, Maria é caminho seguro para encontrar a Cristo. A devoção à Mãe do Senhor, quando é autêntica, leva sempre a orientar a própria vida segundo o espírito e os valores do Evangelho.

E como não pôr em evidência o papel que a Virgem Maria ocupa no caminho da Igreja que peregrina na América ao encontro do Senhor? Com efeito, a Santíssima Virgem está «ligada de modo especial ao nascimento

---

17. Carta enc. *Redemptoris Mater* (25 de março de 1987), 21: *AAS* 79 (1987), 369.

da Igreja na história [...] dos povos da América, que através dela, chegaram a encontrar o Senhor». [18]

Por todas as partes do Continente, a presença da Mãe de Deus foi muito intensa desde os dias da primeira evangelização, graças ao esforço dos missionários. Na sua pregação, «o Evangelho foi anunciado, apresentando a Virgem Maria como sua realização mais alta. Desde os primórdios — invocada com o título de Nossa Senhora de Guadalupe — Maria constitui um grande sinal, de rosto materno e misericordioso, da proximidade do Pai e de Cristo, com quem ela nos convida a entrar em comunhão». [19]

A aparição de Maria ao índio João Diego na colina de Tepeyac, em 1531, teve uma repercussão decisiva na evangelização. [20] Tal influxo supera amplamente os confins da nação mexicana, alcançando o Continente inteiro. E a América, que historicamente foi e continua a ser um cadinho de povos, reconheceu no rosto mestiço da Virgem de Tepeyac, «em Santa Maria de Guadalupe, um grande exemplo de evangelização perfeitamente inculturada». [21] Por isso, não somente no Centro e no Sul, mas

---

18. *Propositio* 5.

19. III Conferência Geral do Episcopado Latino-Americano, *Mensagem aos povos da América Latina* (Puebla, fevereiro de 1979), n. 282. Relativamente aos Estados Unidos da América, veja-se National Conference of Catholic Bishops, *Behold Your Mother Woman of Faith* (Washington 1973), pp. 53-55.

20. Cf. *Propositio* 6.

21. João Paulo II, *Discurso de abertura da IV Conferência Geral do Episcopado Latino-Americano* (Santo Domingo, 12 de outubro de 1992), 24: *AAS* 85 (1993), 826.

também no Norte do Continente, a Virgem de Guadalupe é venerada como Rainha de toda a América. [22]

Com o passar do tempo foi aumentando nos Pastores e fiéis a consciência do papel desempenhado pela Virgem na evangelização do Continente. Na oração composta para a Assembléia Especial do Sínodo dos Bispos para a América, Maria Santíssima de Guadalupe é invocada como «Padroeira de toda a América e Estrela da primeira e da nova evangelização». Nesta perspectiva, acolho com alegria a proposta dos Padres sinodais para que, no dia 12 de dezembro, seja celebrada, em todo o Continente, a festa de Nossa Senhora de Guadalupe, Mãe e Evangelizadora da América. [23] Nutro no meu coração a firme esperança de que ela, a cuja intercessão se deve o fortalecimento da fé nos primeiros discípulos (cf. Jo 2,11), conduza, com a sua materna intercessão a Igreja neste Continente, alcançando-lhe, como outrora sobre a Igreja nascente (cf. At 1,14), a efusão do Espírito Santo, para que a nova evangelização produza um esplêndido florescimento de vida cristã.

Lugares de encontro com Cristo

12. Confiando na ajuda de Maria, a Igreja na América deseja conduzir os homens e as mulheres do Continente ao encontro de Cristo, ponto de partida para uma autêntica conversão e uma renovada comunhão e solidariedade. Este encontro contribuirá eficazmente para consolidar a

---

22. Cf. National Conference of Catholic Bishops, *Behold Your Mother Woman of Faith* (Washington 1973), p. 37.

23. Cf. *Propositio* 6.

fé de muitos católicos, favorecendo o seu amadurecimento numa fé convicta, viva e operativa.

Para que a procura de Cristo, presente na sua Igreja, não se reduza a algo meramente abstrato, é necessário mostrar os lugares e momentos concretos nos quais, no âmbito da Igreja, é possível encontrá-lo. A reflexão dos Padres Sinodais a este propósito foi rica de sugestões e observações.

Em primeiro lugar, eles apontaram «a Sagrada Escritura, lida à luz da Tradição, dos Padres e do Magistério, e aprofundada através da meditação e da oração».[24] Foi encarecida a promoção do conhecimento dos Evangelhos, nos quais é proclamado, com palavras facilmente acessíveis a todos, o modo como Jesus viveu entre os homens. A leitura destes textos sagrados, quando acolhida com a mesma atenção com que as multidões escutavam Jesus na encosta do monte das Bem-aventuranças, ou na margem do lago de Tiberíades enquanto Ele pregava desde a barca, produz autênticos frutos de conversão do coração.

Um segundo lugar de encontro com Jesus é a Sagrada Liturgia.[25] Ao Concílio Vaticano II devemos uma riquíssima exposição da multíplice presença de Cristo na Liturgia, cuja importância deve ser objeto de constante pregação: Cristo está presente no celebrante que renova sobre o altar o mesmo e único sacrifício da Cruz; está presente nos sacramentos onde exerce sua força eficaz. Quando é proclamada a sua palavra, é ele mesmo que nos fala. Além disso, está presente na comunidade, como pro-

---

24. *Propositio* 4.
25. Cf. *ibid.*

meteu: «Onde dois ou três estão reunidos em meu nome, aí estou eu no meio deles» (Mt 18,20). Ele está presente «sobretudo sob as espécies eucarísticas».[26] O meu predecessor Paulo VI considerou necessário explicar a peculiaridade da presença real de Cristo na Eucaristia, que «é chamada "real", não por exclusão, como se as outras não fossem "reais", mas por antonomásia, porque é substancial».[27] Sob as espécies do pão e do vinho, «encontra-se presente Cristo total na sua "realidade física", inclusive corporalmente».[28]

A Escritura e a Eucaristia, como lugares de encontro com Cristo, são evocadas na narração da aparição do Ressuscitado aos discípulos de Emaús. Mas o texto do Evangelho sobre o juízo final (cf. Mt 25,31-46), onde se diz que seremos julgados acerca do amor para com os mais necessitados, nos quais Jesus Cristo está misteriosamente presente, indica que é preciso não descurar um terceiro lugar de encontro com o Senhor: «as pessoas, especialmente os pobres, com os quais Cristo se identifica».[29] No encerramento do Concílio Vaticano II, o Papa Paulo VI recordava que «no rosto de todo homem, sobretudo se se tornou transparente pelas lágrimas ou pelas dores, podemos e devemos descobrir o rosto de Cristo (cf. Mt 25,40), o Filho do Homem».[30]

---

26. Conc. Ecum. Vat. II, Const. dogm. sobre a Sagrada Liturgia *Sacrosanctum Concilium*, 7.

27. Carta enc. *Mysterium fidei* (3 de setembro de 1965): *AAS* 57 (1965), 764.

28. *Ibid.: l.c.*, 766.

29. *Propositio* 4.

30. *Discurso na última sessão pública do Concílio Vaticano II* (7 de dezembro de 1965): *AAS* 58 (1966), 58.

CAPÍTULO II

O ENCONTRO COM JESUS CRISTO NA AMÉRICA DE HOJE

«A quem muito se deu, muito será exigido» (Lc 12,48)

*A situação dos homens e mulheres da América
e seu encontro com o Senhor*

13.   Nos Evangelhos narram-se os encontros com Cristo de pessoas nas mais distintas situações. Trata-se, às vezes, de situações de pecado, que revelam a necessidade da conversão e do perdão do Senhor. Em outras situações, emergem atitudes positivas de busca da verdade, de autêntica confiança em Jesus, que favorecem a criação de uma relação de amizade com ele e estimulam o desejo de imitá-lo. Não podem, da mesma forma, ser esquecidos os dons com os quais o Senhor prepara alguns para um encontro posterior. Assim é que Deus tornando Maria desde o primeiro instante «cheia de graça» (Lc 1,28), preparou-a tendo em vista a realização nela do seu mais elevado encontro com a natureza humana: o mistério inefável da Encarnação.

Visto que tanto os pecados como as virtudes sociais não existem em abstrato, mas provêm de atos pessoais,[31]

---

31. Cf. João Paulo II, Exort. Ap. *Reconciliatio et paenitentia* (2 de dezembro de 1984), 16: *AAS* 77 (1985), 214-217.

é necessário ter presente que a América é hoje uma realidade complexa, fruto das tendências e modos de agir dos homens e mulheres que nela vivem. É nesta situação real e concreta que estes devem encontrar-se com Jesus.

A identidade cristã da América

14.   O maior dom que a América recebeu do Senhor é a fé que forjou sua identidade cristã. Já são mais de quinhentos anos que o nome de Cristo foi anunciado no Continente. Fruto da evangelização que acompanhou os movimentos migratórios da Europa é a fisionomia religiosa americana, marcada por valores morais que, mesmo nem sempre vividos com coerência e em certas ocasiões postos em discussão, podem ser considerados, de certo modo, patrimônio de todos os habitantes da América, inclusive daqueles que não o reconhecem explicitamente. É evidente que a identidade cristã da América não pode ser considerada como sinônimo de identidade católica. A presença de outras confissões cristãs em grau maior ou menor nas diversas partes da América torna particularmente urgente o empenho ecumênico, para procurar a unidade de todos os crentes em Cristo.[32]

Frutos de santidade

15.   A expressão e os frutos mais sublimes da identidade cristã da América são os Santos. Neles, o encontro com Cristo vivo «é tão comprometedor e profundo [...]

---

32. Cf. *Propositio* 61.

que se converte em fogo que os consuma totalmente e os leva a construir o seu Reino, a ponto de fazer dele e da nova aliança o sentido e a alma [...] da vida pessoal e comunitária».[33] A América viu florescer os frutos da santidade desde os inícios da sua evangelização. É o caso de santa Rosa de Lima (1586-1617), «a primeira flor de santidade do Novo Mundo», proclamada padroeira principal da América em 1670 pelo Papa Clemente X.[34] Começando por ela, o santoral americano foi crescendo até alcançar sua atual extensão.[35] As beatificações e canonizações, com as quais muitos filhos e filhas do Continente foram elevados à honra dos altares, oferecem modelos heróicos de vida cristã segundo a diversidade de estados e dos ambientes sociais. A Igreja, beatificando-os ou canoni-

---

33. *Propositio* 29.

34. Cf. Bula *Sacrosancti apostolatus cura* (11 de agosto de 1670), par. 3: *Bullarium Romanum,* 26VII, 42.

35. Pode-se citar, entre outros: os mártires João Brebeuf e seus sete companheiros, Roque González e seus companheiros; os santos: Isabel Ann Seton, Margarida Bourgeoys, Pedro Claver, João del Castillo, Rosa Filippina Duchesne, Margarida d'Youville, Francisco Febres Cordero, Tereza Fernández Solar dos Andes, João Macías, Turíbio de Mogrovejo, Ezequiel Moreno y Diaz, João Nepomuceno Neumann, Maria Ana de Jesus Paredes y Flores, Martinho de Porres, Afonso Rodriguez, Francisco Solano, Francisca Xavier Cabrini; os beatos: José de Anchieta, Pedro de S. José de Betancourt, João Diego, Catarina Drexel, Maria da Encarnação Rosal, Rafael Guizar Valencia, Dina Bélanger, Alberto Hurtado Cruchaga, Elias do Socorro Nieves, Maria Francisca de Jesus Rubatto, Mercedes de Jesus Molina, Narcisa de Jesus Martillo Morán, Miguel Agostinho Pro, Maria de S. José Alvarado Cardozo, Junípero Serra, Kateri Tekawitha, Laura Vicuña, Antônio de Sant'Anna Galvão e tantos outros beatos que são invocados com fé e devoção pelos povos da América (cf. *Instrumentum laboris*, 17).

zando-os, indica-os como poderosos intercessores unidos a Cristo, sumo e eterno Sacerdote, mediador entre Deus e os homens. Os Beatos e os Santos da América acompanham com fraterna solicitude os homens e mulheres seus conterrâneos, entre alegrias e sofrimentos, até o encontro definitivo com o Senhor.[36] Para facilitar uma sempre maior imitação deles e um mais freqüente e frutuoso recurso por parte dos fiéis à sua intercessão, considero muito oportuna a proposta dos Padres Sinodais de se preparar «uma coleção de breves biografias dos Santos e Beatos americanos. Isto poderá iluminar e estimular na América a resposta à vocação universal à santidade».[37]

Entre os seus Santos, «a história da evangelização da América conta numerosos mártires, homens e mulheres, bispos e presbíteros, religiosos e leigos que com o seu sangue banharam [...] [estas] nações. Como uma nuvem de testemunhas (cf. Hb 12,1), eles nos estimulam a assumir hoje, sem medo e com ardor, a nova evangelização».[38] É preciso que os seus exemplos de dedicação sem limites à causa do Evangelho sejam não só preservados do esquecimento, mas mais conhecidos e difundidos entre os fiéis do Continente. A este respeito, eu escrevia na *Tertio millennio adveniente*: «As Igrejas locais tudo façam para não deixar perecer a memória daqueles que sofreram o martírio, recolhendo a necessária documentação».[39]

---

36. Cf. CONC. ECUM. VAT. II, Const. dogm. sobre a Igreja *Lumen gentium*, 50.

37. *Propositio* 31.

38. *Propositio* 30.

39. N. 37: *AAS* 87 (1995), 29; cf. *Propositio* 31.

A piedade popular

16.   Uma característica particular da América consiste na existência de uma intensa piedade popular radicada nas diversas nações. Ela se encontra em todos os níveis e setores sociais, assumindo uma importância especial como lugar de encontro com Cristo para aqueles que, com espírito de pobreza e humildade de coração, buscam a Deus com sinceridade (cf. Mt 11,25). Numerosas são tais expressões de piedade: «As peregrinações aos Santuários de Cristo, da Bem-aventurada Virgem e dos Santos, a oração pelas almas do purgatório, o uso dos sacramentais (água, óleo, círios...). Estas e muitas outras expressões de piedade popular oferecem aos fiéis a oportunidade de encontrar a Cristo vivo». [40]

Os Padres Sinodais chamaram a atenção para a urgência de descobrir, nas manifestações da religiosidade popular, os verdadeiros valores espirituais, para enriquecê-los com os elementos da genuína doutrina católica, a fim de que tal religiosidade possa conduzir a um compromisso sincero de conversão e a uma experiência concreta de caridade. [41] A piedade popular, se for convenientemente orientada, contribui também para aumentar nos fiéis a consciência da própria pertença à Igreja, nutrindo o seu fervor e oferecendo assim uma válida resposta para os desafios atuais da secularização. [42]

Uma vez que, na América, a piedade popular é expressão da inculturação da fé católica e muitas das suas

---

40. *Propositio* 21.

41. Cf. *ibid.*

42. Cf. *ibid.*

manifestações assumiram formas religiosas autóctones, não se deve subestimar a possibilidade de recolher dela também, sempre iluminados pela prudência, válidas indicações para uma maior inculturação do Evangelho.[43] Isso possui suma importância especialmente entre as populações indígenas, para que as «sementes do Verbo» presentes na sua cultura alcancem a plenitude em Cristo.[44] O mesmo diga-se a respeito dos americanos de origem africana. A Igreja «reconhece que tem a obrigação de se aproximar destes americanos valendo-se da sua cultura, considerando seriamente as riquezas espirituais e humanas de tal cultura, que caracteriza o seu modo de celebrar o culto, o sentido de alegria e de solidariedade, sua língua e suas tradições».[45]

Presença católica-oriental

17.   A imigração na América constitui quase uma constante da sua história, desde o início da evangelização até os nossos dias. No âmbito deste fenômeno complexo, convêm assinalar que, ultimamente, diversas regiões da América acolheram numerosos membros das Igrejas católicas orientais, que, por várias razões, abandonaram seu território de origem. Um primeiro movimento migratório provinha sobretudo da Ucrânia ocidental; depois, estendeu-se às nações do Oriente Médio. Tornou-se, assim, pastoralmente necessária a criação de uma hierarquia católica oriental para esses fiéis imigrados e seus descen-

---

43. Cf. *ibid.*
44. Cf. *Propositio* 18.
45. *Propositio* 19.

dentes. As normas, emanadas pelo Concílio Vaticano II e recordadas pelos Padres Sinodais, reconhecem que as Igrejas Orientais «têm o direito e o dever de se governarem segundo as próprias disciplinas particulares», cabendo-lhes a missão de dar testemunho de uma antiqüíssima tradição doutrinal, litúrgica e monástica. Por outro lado, estas Igrejas devem conservar as próprias disciplinas, porque são «mais conformes aos costumes dos seus fiéis e resultam mais aptas para promover o bem das almas». [46] Se à Comunidade eclesial universal é necessária a *sinergia* entre as Igrejas particulares do Oriente e do Ocidente para permitir que respire com os dois pulmões, na esperança de que o faça plenamente através da perfeita comunhão entre a Igreja Católica e as Igrejas orientais separadas, [47] só pode ser motivo de alegria a recente implantação na América das Igrejas orientais ao lado das latinas, ali presentes desde os começos, para que assim possa se manifestar melhor a catolicidade da Igreja do Senhor. [48]

A Igreja no campo da educação e da ação social

18.   Entre os fatores que favorecem o influxo da Igreja na formação cristã dos americanos, deve-se ressaltar sua

---

46. Decr. sobre as Igrejas Orientais Católicas Orientalium Ecclesiarum, 5; cf. *Código dos Cânones das Igrejas Orientais*, cân. 28; *Propositio*, 60.

47. Cf. João Paulo II, Carta enc. *Redemptoris Mater* (25 de março de 1987), 34: *AAS* 79 (1987), 406; Sínodo dos Bispos, Assembléia Especial para a Europa, Decl. *Ut testes simus Christi qui nos liberavit* (13 de dezembro de 1991) III, 7: *L'Osservatore Romano* (ed. port. de 29 de dezembro de 1991), 6.

48. Cf. *Propositio* 60.

vasta presença no campo da educação, especialmente no mundo universitário. As numerosas Universidades católicas espalhadas no Continente constituem um aspecto característico da vida eclesial na América. Da mesma forma, no âmbito do ensino primário e secundário, o elevado número de escolas católicas oferece a possibilidade de uma ação evangelizadora do mais alto alcance, desde que seja acompanhada por uma vontade decidida a fornecer uma educação realmente cristã. [49]

Outro campo importante onde a Igreja acha-se presente em toda parte da América é a assistência caritativa e social. As múltiplas iniciativas a favor dos idosos, dos enfermos e dos que passam necessidade, tais como asilos, hospitais, dispensários, refeições gratuitas e outros centros sociais, são testemunho palpável do amor preferencial que a Igreja na América nutre pelos pobres, movida pelo amor do Senhor e ciente de que «Jesus se identificou com eles (cf. Mt 25,31-46)». [50] Nesta tarefa que não conhece fronteiras, ela soube criar uma consciência de solidariedade concreta entre as diversas comunidades do Continente e do mundo inteiro, manifestando assim a fraternidade que deve caracterizar os cristãos de todos os tempos e lugares.

O serviço aos pobres, para que seja evangélico e evangelizador, deve ser um reflexo fiel da atitude de Jesus, que veio «para anunciar aos pobres a Boa Nova» (Lc 4,18). Se realizado com este espírito, torna-se uma manifestação do amor infinito de Deus por todos os homens e um modo significativo de transmitir a esperança de salva-

---

49. Cf. *Propositiones* 23 e 24.

50. *Propositio* 73.

ção que Cristo trouxe ao mundo, e que resplandece de modo particular quando é comunicada aos abandonados ou rejeitados pela sociedade.

Esta constante dedicação pelos pobres e excluídos da sociedade se reflete no Magistério social da Igreja, que não se cansa de convidar a comunidade cristã a comprometer-se a superar toda forma de exploração e de opressão. Trata-se, de fato, não só de aliviar as necessidades mais graves e urgentes através de ações individuais ou esporádicas, mas de pôr em evidência as raízes do mal, sugerindo iniciativas que dêem às estruturas sociais, políticas e econômicas uma configuração mais justa e solidária.

Crescente respeito pelos direitos humanos

19.   Na esfera civil, mas com diretas implicações morais, deve-se assinalar, entre os aspectos positivos da América de hoje, a crescente afirmação em todo o Continente de sistemas políticos democráticos e a progressiva redução dos regimes ditatoriais. A Igreja vê com simpatia esta evolução, na medida em que favorece cada vez mais claramente o respeito pelos direitos individuais, inclusive aqueles do inquirido e do réu, contra os quais não é legítimo recorrer a métodos de detenção e indagação — especialmente quando referidos à tortura — ofensivos à dignidade humana. «O estado de direito é, com efeito, a condição necessária para estabelecer uma verdadeira democracia».[51]

---

51. *Propositio* 72; cf. João Paulo II, Carta enc. *Centesimus annus* (1 de maio de 1991), 46: *AAS* 83 (1991), 850.

De resto, a existência de um estado de direito implica, nos cidadãos e mais ainda na classe dirigente, a convicção de que a liberdade não pode ser desvinculada da verdade.[52] De fato, «os graves problemas que ameaçam a dignidade da pessoa humana, a família, o matrimônio, a educação, a economia e as condições de trabalho, a qualidade da vida e a mesma vida, colocam a questão do direito».[53] Por este motivo, os Padres Sinodais afirmaram justamente que «os direitos fundamentais da pessoa humana estão inscritos na mesma natureza, são queridos por Deus e, portanto, exigem seu universal respeito e aceitação. Nenhuma autoridade humana pode transgredi-los, fazendo apelo a maiorias ou a consensos políticos, com o pretexto de que deste modo são respeitados o pluralismo e a democracia. A Igreja deve, por isso, empenhar-se na formação e acompanhamento dos leigos que atuam no âmbito legislativo, no governo e na administração da justiça, a fim de que as leis exprimam sempre princípios e valores morais que estejam de acordo com uma sadia antropologia e que tenham presente o bem comum».[54]

O fenômeno da globalização

20.   A tendência à globalização é característica do mundo contemporâneo; fenômeno esse que, mesmo não sen-

---

52. Cf. Sínodo dos Bispos, Assembléia Especial para a Europa, Decl. *Ut testes simus Christi qui nos liberavit* (13 de dezembro de 1991) I, 1; II,4; IV, 10: *L'Osservatore Romano* (ed. port. de 29 de dezembro de 1991), 3,4-5,7-8.

53. *Propositio* 72.

54. *Ibid.*

do exclusivamente americano, é mais perceptível e tem maiores repercussões na América. Trata-se de um processo que fica a dever à maior comunicação existente entre as diversas partes do mundo, na prática levando à superação das distâncias, com evidentes efeitos nos mais distintos campos.

As repercussões do ponto de vista ético podem ser positivas ou negativas. Existe, certamente, uma globalização econômica que traz em si algumas conseqüências positivas, tais como o fenômeno da eficiência e o aumento da produção e que, com o crescimento das relações entre os diversos países no âmbito econômico, pode reforçar o processo da unidade dos povos e prestar um melhor serviço à família humana. Porém, se a globalização é dirigida pelas puras leis do mercado aplicadas conforme a conveniência dos mais poderosos, as conseqüências só podem ser negativas. Tais são, por exemplo, a atribuição de um valor absoluto à economia, o desemprego, a diminuição e o deterioramento de alguns serviços públicos, a destruição do ambiente e da natureza, o aumento das diferenças entre ricos e pobres, a concorrência injusta que põe as nações pobres numa situação de inferioridade sempre mais acentuada.[55] A Igreja, mesmo estimando os valores positivos que comporta a globalização, vê com preocupação os aspectos negativos por ela veiculados.

E que dizer, então, da globalização cultural produzida por pressão dos meios de comunicação social? Estes impõem em toda parte novas escalas de valores, com freqüência arbitrários e fundamentalmente materialistas, diante dos quais é difícil manter viva a adesão aos valores do Evangelho.

---

55. Cf. *Propositio* 74.

Urbanização crescente

21.   Cresce também na América o fenômeno da urbanização. Desde alguns lustros o Continente está experimentando um contínuo êxodo do campo em direção à cidade. Trata-se de um fenômeno complexo, já descrito pelo meu predecessor Paulo VI.[56] As causas são distintas, mas dentre elas sobressaem principalmente a pobreza e o subdesenvolvimento das zonas rurais, onde faltam freqüentemente serviços públicos, comunicações, estruturas educacionais e sanitárias. Além disso, a cidade, apresentada amiúde pelos meios de comunicação social como lugar de diversão e bem-estar, exerce uma especial atração sobre o povo simples do campo.

A freqüente falta de planificação neste processo é fonte de muitos males. Como apontavam os Padres Sinodais, «em certos casos, algumas zonas das cidades são como ilhas onde se acumula a violência, a delinqüência juvenil e a atmosfera de desespero».[57] O fenômeno da urbanização apresenta grandes desafios para a ação pastoral da Igreja, a qual deve enfrentar o desenraizamento cultural, a perda dos costumes familiares, o abandono das próprias tradições religiosas, com o resultado bastante freqüente do naufrágio da fé, privada daquelas manifestações que contribuíam para sustentá-la.

Evangelizar a cultura urbana constitui um formidável desafio para a Igreja, que, assim como durante séculos soube evangelizar a cultura rural, da mesma forma é

---

56. Cf. Carta Ap. *Octogesima adveniens* (14 de maio de 1971), 8-9: *AAS* 63 (1971), 406-408.

57. *Propositio* 35.

também chamada hoje a levar a cabo uma evangelização urbana metódica e capilar por meio da catequese, da liturgia e do mesmo modo de organizar as próprias estruturas pastorais.[58]

O peso da dívida externa

22. Os Padres Sinodais manifestaram sua preocupação pela dívida externa que aflige muitas nações americanas, solidarizando-se com elas. Eles chamam vigorosamente a atenção da opinião pública para a complexidade do tema, ao reconhecerem que «a dívida é, com freqüência, fruto da corrupção e da má administração».[59] Na linha da reflexão sinodal, tal reconhecimento não pretende concentrar somente num pólo as responsabilidades de um fenômeno extremamente complexo na sua origem e nas suas soluções.[60]

Assim, entre as causas que contribuíram para a formação de uma dívida externa opressiva, assinalam-se não só as elevadas taxas de juros, fruto de políticas financeiras especulativas, mas também a irresponsabilidade de alguns governantes que, ao contrair a dívida, não refletiram suficientemente sobre as reais possibilidades de saldá-la, com a agravante de que enormes somas, obtidas graças aos empréstimos internacionais, servem às vezes para enriquecer as pessoas individualmente, em vez de destiná-

---

58. Cf. *ibid.*

59. *Propositio*, 75.

60. Cf. Pontifícia Comissão «Iustitia Et Pax», *Ao serviço da comunidade humana: uma consideração ética da dívida internacional* (27 de dezembro de 1986): *L'Osservatore Romano* (ed. port. de 8 de fevereiro de 1987), 5-8.

las a sustentar as mudanças necessárias para o desenvolvimento do país. Por outro lado, seria injusto fazer pesar as conseqüências de tais decisões irresponsáveis sobre quem não as assumiu. Compreende-se ainda melhor a gravidade da situação se se leva em conta que «só o pagamento dos juros já constitui para a economia das nações pobres um peso que priva as autoridades da disponibilidade do dinheiro necessário para o desenvolvimento social, a educação, a saúde e a instituição de um fundo gerador de empregos».[61]

A corrupção

23. A corrupção, muitas vezes presente entre as causas da dívida pública opressora, é um grave problema que deve ser considerado com atenção, pois, «sem limites de fronteiras, envolve a pessoas, estruturas públicas e privadas de poder, e as classes dirigentes». Trata-se de uma situação que «favorece a impunidade e a acumulação ilícita de dinheiro, a falta de confiança nas instituições públicas, sobretudo na administração da justiça e nos investimentos públicos, nem sempre transparentes, iguais para todos e eficazes».[62]

A esse respeito, desejo lembrar aqui o que escrevi na *Mensagem para a Jornada Mundial da Paz de 1998*, ou seja, que a praga da corrupção deve ser denunciada e combatida com tenacidade pelos que detêm a autoridade, e com «o apoio generoso de todos os cidadãos, sustenta-

---

61. *Propositio* 75.
62. *Propositio* 37.

dos por uma forte consciência moral».[63] Apropriados órgãos de controle e a transparência das transações econômicas e financeiras servem para melhor prevenir e evitar, em muitos casos, o aumento da corrupção, cujas nefastas conseqüências terminam atingindo principalmente os mais pobres e abandonados. São sempre os pobres os primeiros que sofrem com os atrasos, a ineficiência, a falta de uma adequada defesa e das carências estruturais, quando a corrupção atinge a mesma administração da justiça.

O comércio e o consumo de droga

24.   O comércio, com o conseqüente consumo de substâncias entorpecentes, constitui uma séria ameaça para as estruturas sociais das nações americanas. Isso «contribui para a criminalidade e a violência, para a destruição da vida familiar e da vida física e psicológica de muitos indivíduos e comunidades, sobretudo dos jovens. Além disso, corrói a dimensão ética do trabalho, favorecendo o aumento de pessoas recluídas em cárceres, numa palavra, o envelhecimento da pessoa criada à imagem de Deus».[64] Um comércio tão funesto como este causa, ademais, a «destruição de governos, corroendo a segurança econômica e a estabilidade das nações».[65] Encontramo-nos aqui diante de um dos desafios mais urgentes que muitas nações no mundo devem enfrentar: é, de fato, um desafio que põe em causa grande parte das vantagens conseguidas nos últimos tempos pelo progresso da humanidade.

---

63. N. 5: *AAS* 90 (1998), 152.

64. *Propositio* 38.

65. *Ibid.*

Para algumas nações na América, a produção, o tráfico e o consumo de drogas constituem fatores que comprometem seu prestígio internacional, pois reduzem sua credibilidade e tornam mais difícil aquela auspiciada colaboração com outros países, tão necessária em nossos dias para o desenvolvimento harmônico de todos os povos.

A preocupação pela ecologia

25. «E Deus viu que isto era bom» (Gn 1,25). Essas palavras que lemos no primeiro capítulo do livro do Gênesis, oferecem o sentido da obra realizada por ele. O Criador entrega ao homem, coroação de todo o processo criador, o cultivo da terra (cf. Gn 2,15). Daí nascem, para cada indivíduo, específicas obrigações no que diz respeito à ecologia. O seu cumprimento supõe a abertura para uma perspectiva espiritual e ética que supere as atitudes e «os estilos de vida egoístas que acarretam o esgotamento das reservas naturais».[66]

Também neste setor, de tanta atualidade hoje em dia, a intervenção dos fiéis crentes é muitíssimo importante. É necessária a colaboração de todos os homens de boa vontade com as instâncias legislativas e governamentais, para conseguir uma proteção eficaz do ambiente, considerado como dom de Deus. Quantos abusos e prejuízos ecológicos não há inclusive em muitas regiões americanas! Pense-se na emissão descontrolada de gases nocivos ou no dramático fenômeno dos incêndios florestais, provocados às vezes intencionalmente por pessoas movi-

---

66. *Propositio* 36.

40

das por interesses egoístas. Essas devastações podem conduzir a uma real desertificação em muitas zonas da América, com as inevitáveis conseqüências de fome e miséria. O problema chega a atingir especial entidade na floresta amazônica, imenso território que interessa a várias nações: Brasil, Guiânia, Suriname, Venezuela, Colômbia, Equador, Peru e Bolívia.[67] Trata-se de um dos espaços naturais mais apreciados no mundo pela sua diversidade biológica, que o torna vital para o equilíbrio ambiental de todo o planeta.

---

67. Cf. *Ibid.*

CAPÍTULO III

CAMINHO DE CONVERSÃO

«Arrependei-vos, portanto, e convertei-vos» (At 3,19)

Urgência do chamado à conversão

26.   «Completou-se o tempo e o Reino de Deus está próximo: convertei-vos e crede no Evangelho» (Mc 1,15). Essas palavras, com as quais Jesus deu início ao seu ministério na Galiléia, ressoam em continuação nos ouvidos dos Bispos, presbíteros, diáconos, pessoas consagradas e fiéis leigos de toda a América. Tanto a recente celebração do quinto centenário do início da evangelização da América, como a comemoração dos 2000 anos do nascimento de Jesus, o grande Jubileu que nos preparamos para celebrar, constituem idênticos chamados a aprofundar a própria vocação cristã. A grandeza do acontecimento da Encarnação e a gratidão pelo dom do primeiro anúncio do Evangelho convidam a responder com prontidão a Cristo com uma conversão pessoal mais convicta e estimulam, ao mesmo tempo, a uma mais generosa fidelidade evangélica. A exortação de Cristo à conversão ecoa nestas palavras do Apóstolo: «Já é hora de despertardes do sono. A salvação está mais perto do que quando abraçamos a fé» (Rm 13,11). O encontro com Jesus Cristo vivo leva à conversão.

No Novo Testamento, para falar de conversão é utilizada a palavra *metanóia*, que significa mudança de mentalidade. Não se trata só de um distinto modo de pensar em nível intelectual, mas da revisão à luz dos critérios evangélicos das próprias convicções vitais. A esse respeito, são Paulo fala de «fé que opera pela caridade» (Gl 5,6). Por isso, a autêntica conversão deve ser preparada e cultivada por meio da piedosa leitura da Sagrada Escritura e da prática dos sacramentos da Reconciliação e da Eucaristia. A conversão leva à comunhão fraterna, porque permite compreender que Cristo é a cabeça da Igreja, seu místico corpo; impele à solidariedade, por conscientizar que o que fazemos pelos demais, mormente pelos mais necessitados, é feito a Cristo. Ela favorece, portanto, uma vida nova, na qual não haja separação entre fé e obras na resposta diária ao chamado universal à santidade. É indispensável superar a fratura entre a fé e a vida, para que realmente se possa falar de conversão. Com efeito, a presença desta divisão faz do cristianismo um fato puramente nominal. Para ser verdadeiro discípulo do Senhor, o fiel deve ser testemunha da própria fé e «a testemunha, não só com palavras mas com a própria vida».[68] Devemos ter presente as palavras de Jesus: «Nem todo aquele que me diz: Senhor, Senhor, entrará no Reino dos céus, mas aquele que faz a vontade de meu Pai que está nos céus» (Mt 7,21). A abertura à vontade do Pai supõe uma total disponibilidade, que não exclua sequer o dom da vida: «O máximo testemunho é o martírio».[69]

---

68. SÍNODO DOS BISPOS, Segunda Assembléia geral extraordinária, Relação final *Ecclesia sub Verbo Dei mysteria Christi celebrans pro salute mundi* (7 de dezembro de 1985), II, B, a, 2: *L'Osservatore Romano* (ed. port. de 22 de dezembro de 1985), 6.

69. *Propositio* 30.

Dimensão social da conversão

27. Porém, a conversão não é completa se falta a consciência das exigências da vida cristã e se não nos esforçamos por cumpri-las. Os Padres Sinodais, a este respeito, assinalaram que infelizmente «existem grandes lacunas de ordem pessoal e comunitária tanto por uma conversão mais profunda, quanto nas relações entre os ambientes, as instituições e grupos na Igreja».[70] «Aquele que não ama seu irmão, a quem vê, é incapaz de amar a Deus, a quem não vê» (1Jo 4.20).

A caridade fraterna implica desvelo por todas as necessidades do próximo. «Quem possuir bens deste mundo, e vir o seu irmão sofrer necessidade, mas lhe fechar o seu coração, como pode estar nele o amor de Deus?» (1Jo 3,17). Por isso, a conversão ao Evangelho, para o povo cristão que vive na América, significa rever «todos os ambientes e dimensões da vida, especialmente tudo o que diz respeito à ordem social e consecução do bem comum».[71] Em particular, caberá «cultivar e fazer crescer a consciência social da dignidade da pessoa e, portanto, promover na comunidade a sensibilidade do dever de participar da ação política segundo o Evangelho».[72] De fato, é claro que a atividade política também pertence à vocação e a ação dos fiéis leigos.[73]

No entanto, a esse respeito, é de grande importância, sobretudo numa sociedade pluralista, ter uma visão

---

70. *Propositio* 34.

71. *Ibid.*

72. *Ibid.*

73. Cf. Conc. Ecum. Vat. II, Const. dogm. sobre a Igreja *Lumen gentium*, 31.

justa das relações entre a comunidade política e a Igreja, e uma clara distinção entre as ações que os fiéis, individualmente ou em grupo, realizam em nome próprio, como cidadãos, guiados pela própria consciência cristã, e as ações que eles realizam em nome da Igreja em comunhão com os seus Pastores. A Igreja que, pela sua missão e competência, de modo algum confunde-se com a comunidade política e não está ligada a qualquer sistema político, é, ao mesmo tempo, o sinal e salvaguarda do caráter transcendente da pessoa humana. [74]

Conversão permanente

28.   A conversão neste mundo é uma meta nunca alcançada plenamente: no caminho que o discípulo é chamado a percorrer seguindo as pegadas de Cristo, aquela é um compromisso de toda a vida. Por outro lado, enquanto vivemos neste mundo, nosso propósito de conversão está sempre sujeito às tentações. Visto que «ninguém pode servir a dois senhores» (Mt 6,24), a mudança de mentalidade (*metanóia*) consiste no esforço de assimilar os valores evangélicos, que contrastam com as tendências dominantes no mundo. Portanto, é necessário renovar constantemente «o encontro com Jesus Cristo vivo», caminho este que, como foi posto em evidência pelos Padres Sinodais, «nos conduz à conversão permanente». [75]

---

74. Cf. Conc. Ecum. Vat. II, Const. past. sobre a Igreja no mundo contemporâneo *Gaudium et spes*, 76; João Paulo II, Exort. Ap. póssinodal *Christifideles laici* (30 de dezembro de 1988), 42: *AAS* 81 (1989), 472-474.

75. *Propositio* 26.

O chamado universal à conversão ganha perfis particulares para a Igreja que está na América, também comprometida na renovação da própria fé. Foi assim que os Padres Sinodais formularam este compromisso concreto e exigente: «Esta conversão exige, especialmente de nós, Bispos, uma autêntica identificação com o estilo pessoal de Jesus Cristo, que nos leva à simplicidade, à pobreza, à disponibilidade, à renúncia às vantagens, para que, como ele, sem depositarmos nossa confiança nos meios humanos, retiremos da força do Espírito e da Palavra toda a eficácia do Evangelho, permanecendo abertos primeiramente aos mais abandonados e excluídos». [76] Para ser Pastores segundo o coração de Deus (cf. Jr 3,15), é indispensável assumir o modo de viver que se pareça com aquele que disse de si próprio: «Eu sou o bom pastor» (Jo 10,11), e que são Paulo põe em evidência quando escreve: «Sede meus imitadores, como eu o sou de Cristo» (1Cor 11,1).

Guiados pelo Espírito Santo a um novo estilo de vida

29. Esta proposta de um novo estilo de vida não é só para os Pastores, mas para todos os cristãos que vivem na América. É pedido que aprofundem e assumam a autêntica espiritualidade cristã. «De fato, por espiritualidade entende-se um estilo e forma de vida conformes às exigências cristãs. Espiritualidade é 'vida em Cristo' e 'no Espírito', que se aceita na fé, se exprime no amor e, repleta de esperança, se traduz na vida cotidiana da comunidade eclesial». [77] Neste sentido, por espiritualidade, que é a

---

76. *Ibid.*
77. *Propositio* 28.

meta à qual conduz a conversão, entende-se, não «uma parte da vida, mas a vida inteira guiada pelo Espírito Santo».[78] Entre os elementos de espiritualidade que todo cristão deve fazer próprios, ressalta a oração. Esta o «levará, aos poucos, a ver a realidade com um olhar contemplativo, que lhe permitirá reconhecer a Deus em cada instante e em todas as coisas; contemplá-lo em cada pessoa; procurar cumprir sua vontade nos acontecimentos».[79]

A oração, tanto pessoal como litúrgica, é dever de cada cristão. «Jesus Cristo, evangelho do Pai, nos avisa que sem ele nada podemos fazer (cf. Jo 15,5). Ele mesmo, nos momentos decisivos da sua vida, antes de agir, se retirava num lugar solitário para dedicar-se à oração e à contemplação, e pediu aos Apóstolos que também o fizessem».[80] A seus discípulos, sem exceção, lembra-lhes: «Entra no teu quarto, fecha a porta e ora ao teu Pai em segredo» (Mt 6,6). Esta intensa vida de oração deve adaptar-se às capacidades e condições de cada cristão, para que cada um, nas distintas circunstâncias da vida, possa saciar-se «na fonte do seu encontro com Cristo, para embeber-se do único Espírito (cf. 1Cor 12,13)».[81] Nesse sentido, a dimensão contemplativa não é um privilégio reservado somente para uns poucos; pelo contrário, nas paróquias, nas comunidades e no âmbito dos movimentos, seja promovida uma espiritualidade aberta e orientada à contemplação das verdades fundamentais da fé: os mistérios da Trindade, da Encarnação do Verbo, da Re-

---

78. *Ibid.*

79. *Ibid.*

80. *Propositio* 27.

81. *Ibid.*

denção dos homens, e as demais grandes obras salvíficas de Deus.[82]

Os homens e as mulheres dedicados exclusivamente à contemplação desempenham missão fundamental na Igreja que está na América. Eles constituem, segundo a expressão do Concílio Vaticano II, «uma glória para a Igreja e uma fonte de graças celestiais».[83] Por isso, os mosteiros espalhados em todas as partes do Continente devem ser «objeto de especial atenção por parte dos Pastores, que devem estar plenamente convencidos de que as almas dedicadas à vida contemplativa obtêm graças abundantes, mediante a oração, a penitência e a contemplação, às quais consagram a vida inteira. Os contemplativos devem conscientizar-se que estão inseridos na missão da Igreja destes tempos e que, com o testemunho da própria vida, cooperam para o bem espiritual dos fiéis ajudando-os a procurar o rosto de Deus na vida cotidiana».[84]

A espiritualidade cristã alimenta-se, sobretudo, por uma constante vida sacramental, pois os Sacramentos são fonte e raiz inexaurível da graça de Deus necessária para amparar o fiel na sua peregrinação terrena. Tal vida deve ser integrada com os valores da piedade popular, valores estes que, por sua vez, serão enriquecidos pela vida sacramental e preservados do perigo de degenerar em hábitos rotineiros. Além disso, deve-se lembrar que esta espiritualidade não se opõe à dimensão social do compromisso cristão. Pelo contrário, pelo próprio caminho de ora-

---

82. Cf. *ibid.*

83. Decr. sobre a renovação da vida religiosa *Perfectae caritatis*, 7. Cf. João Paulo II, Exort. ap. pós-sinodal *Vita consecrata* (25 de março de 1996), 8: *AAS* 88 (1996), 382.

84. *Propositio* 27.

ção, o fiel faz-se mais consciente das exigências do Evangelho e dos seus deveres para com os irmãos, alcançando a força da graça indispensável para perseverar no bem. Para amadurecer espiritualmente, convém que o cristão recorra ao conselho dos ministros sagrados ou de pessoas esclarecidas neste campo, por meio da direção espiritual, prática tradicionalmente presente na Igreja. Os Padres Sinodais consideraram necessário recomendar aos sacerdotes este ministério tão importante. [85]

Vocação universal à santidade

30.   «Sede santos, porque eu, o Senhor, vosso Deus, sou santo» (Lv 19,2). A Assembléia Especial do Sínodo dos Bispos para a América quis lembrar vigorosamente a todos os cristãos a importância da doutrina da vocação universal à santidade na Igreja. [86] Trata-se de um dos pontos centrais da Constituição dogmática sobre a Igreja, do Concílio Vaticano II. [87] A santidade é a meta do caminho de conversão, visto que esta «não é fim por si própria, mas itinerário para Deus, que é santo. Ser santo significa imitar a Deus e glorificar o seu nome pelas obras que realizamos em nossa vida.» (cf. Mt 5,16) [88] No caminho

---

85. Cf. *Propositio 28.*

86. Cf. *Propositio 29.*

87. Cf. *Lumen gentium*, V; SÍNODO DOS BISPOS, Segunda Assembléia Geral Extraordinária, Relação final *Ecclesia sub Verbo Dei mysteria Christi celebrans pro salute mundi* (7 de dezembro de 1985) II, A, 4-5: *L'Osservatore Romano* (ed. port. de 22 de dezembro de 1985), 6.

88. *Propositio 29.*

da santidade, Jesus Cristo é o ponto de referência e o modelo a ser imitado: Ele é «o Santo de Deus e assim foi reconhecido (cf. Mc 1,24). Ele próprio nos ensina que o núcleo da santidade é o amor, que leva a dar a vida pelos demais (cf. Jo 15,13). Por isso, imitar a santidade de Deus, tal como foi manifestada em Jesus Cristo, seu Filho, nada mais é senão prolongar o seu amor na história, especialmente em respeito aos pobres, aos enfermos, aos indigentes». (cf. Lc 10,25ss) [89]

Jesus, único caminho para a santidade

31.   «Eu sou o Caminho, a Verdade e a Vida» (Jo 14,6). Com essas palavras, Jesus mostra-se como o único caminho que conduz à santidade. Mas o conhecimento concreto desse itinerário se dá principalmente mediante a Palavra de Deus, que a Igreja proclama com a sua pregação. Por isso, a Igreja na América «deve dar clara prioridade à reflexão piedosa da Sagrada Escritura, por parte de todos os fiéis». [90] Essa leitura da Bíblia, acompanhada pela oração, é conhecida na tradição da Igreja com o nome de *Lectio divina*, prática que deve ser estimulada entre todos os cristãos. Para os presbíteros, ela deve constituir um elemento fundamental na preparação das suas homilias, especialmente dos domingos. [91]

---

89. *Ibid.*

90. *Propositio* 32.

91. Cf. JOÃO PAULO II, Carta Ap. *Dies Domini* (31 de maio de 1998), 40: *AAS* 90 (1998), 738.

Penitência e reconciliação

32.   A conversão (metanóia), para a qual todo ser humano é chamado, leva a aceitar e assumir a nova mentalidade proposta pelo Evangelho. Isso exige rejeitar o modo de pensar e de agir mundano que, freqüentemente, condiciona profundamente a existência. Como recorda a Sagrada Escritura, é necessário que morra o homem velho e nasça o homem novo, isto é, que todo o ser humano se renove «à imagem daquele que o criou, até atingir o perfeito conhecimento» (Cl 3,10). Neste caminho de conversão e busca da santidade, «devem ser recomendados os meios ascéticos sempre presentes na praxe da Igreja, que culminam no Sacramento do perdão, recebido e celebrado com as devidas disposições».[92] Só quem se reconciliou com Deus é protagonista de autêntica reconciliação com e entre os irmãos.

A crise atual do sacramento da Penitência, da qual não está isenta a Igreja na América e sobre a qual expressei a minha preocupação desde o início do meu Pontificado,[93] poderá ser superada graças também a uma ação pastoral assídua e paciente.

A esse respeito, os Padres Sinodais pedem justamente «que os sacerdotes dediquem o devido tempo à celebração do sacramento da Penitência, e convidem com insistência e vigor os fiéis a recebê-lo, sem deixar eles próprios de recorrer pessoalmente e com freqüência à confissão».[94] Os Bispos e os sacerdotes experimentam

---

92. *Propositio* 33.

93. Cf. Carta enc. *Redemptor hominis* (4 de março de 1979), 20: *AAS* 71 (1979) 309-316.

94. *Propositio* 33.

pessoalmente o misterioso encontro com Cristo que perdoa no sacramento da Penitência, e são testemunhas privilegiadas do seu amor misericordioso.

A Igreja Católica, que abraça homens e mulheres «de toda nação, tribo, povo e língua» (Ap 7,9), é chamada a ser, «num mundo caracterizado por divisões ideológicas, étnicas, econômicas e culturais», o «sinal vivo da unidade da família humana».[95] A América, quer na complexa realidade de cada uma das suas nações e na variedade dos diferentes grupos étnicos, quer nos traços que caracterizam o inteiro Continente, apresenta muitas diferenças que não podem ser ignoradas e às quais é necessário prestar atenção. Graças a uma eficaz obra de integração entre os membros do Povo de Deus dentro de cada país e entre os membros das Igrejas particulares das diversas nações, as diferenças atuais podem ser fonte de mútuo enriquecimento. Como justamente afirmam os Padres Sinodais, «é muito importante que a Igreja em toda a América seja sinal vivo de comunhão reconciliada, apelo permanente de solidariedade, testemunho sempre presente em nossos diversos sistemas políticos, econômicos e sociais».[96] Esta constitui uma significativa contribuição que os fiéis podem oferecer para a unidade do Continente americano.

---

95. *Ibid.*
96. *Ibid.*

CAPÍTULO IV

CAMINHO PARA A COMUNHÃO

«Para que todos sejam um, assim como tu, Pai,
estás em mim e eu em ti» (Jo 17,21)

A Igreja, sacramento de comunhão

33.   «Diante de um mundo dividido e desejoso de unidade, é necessário proclamar com alegria e firmeza de fé
que Deus é comunhão, Pai, Filho e Espírito Santo, unidade na distinção, o qual chama todos os homens a participar da mesma comunhão trinitária. É necessário proclamar que esta comunhão é o esplêndido projeto de Deus
[Pai]; que Jesus Cristo, feito homem, é o centro desta
mesma comunhão, e que o Espírito Santo age constantemente para criar a comunhão e reconstituí-la quando se
rompe. É necessário proclamar que a Igreja é sinal e instrumento da comunhão querida por Deus, iniciada no tempo e destinada à perfeição na plenitude do Reino».[97] A
Igreja é sinal de comunhão porque os seus membros, como
os ramos, participam da mesma vida de Cristo, a verdadeira videira (cf. Jo 15,5). Com efeito, mediante a comunhão com Cristo, Cabeça do Corpo místico, entramos em
viva comunhão com todos os crentes.

---

97. *Propositio* 40; cf. CONC. ECUM. VAT. II, Const. dogm. sobre a
Igreja *Lumen gentium*, 2.

Esta comunhão, existente na Igreja e essencial à sua natureza,[98] deve manifestar-se por sinais concretos, «como poderiam ser: a oração comunitária de uns pelos outros, o impulso ao relacionamento das Conferências Episcopais entre si, os contatos entre os Bispos, as relações fraternas entre as dioceses e as paróquias, e a mútua comunicação entre agentes de pastoral para atividades missionárias específicas».[99] A referida comunhão requer que se conserve o depósito da fé na sua pureza e integridade, bem como a unidade de todo o Colégio episcopal sob a autoridade do Sucessor de Pedro. Neste contexto, os Padres Sinodais declararam que «o fortalecimento do ministério petrino é fundamental para a preservação da unidade da Igreja», e que «o exercício pleno do primado de Pedro é fundamental para a identidade e vitalidade da Igreja na América».[100] A Pedro e aos seus sucessores compete, por mandato do Senhor, a tarefa de confirmar na fé os irmãos (cf. Lc 22,32) e de apascentar o inteiro rebanho de Cristo (cf. Jo 21,15-17). Da mesma forma, o Sucessor do Príncipe dos Apóstolos é chamado a ser a pedra sobre a qual a Igreja está edificada, e a exercer o ministério devido ao fato de ser ele depositário das chaves do Reino (cf. Mt 16,18-19). O Vigário de Cristo é, com efeito, «o perpétuo princípio de [...] unidade e o fundamento visível» da Igreja.[101]

---

98. Cf. Congregação para a Doutrina da Fé, Carta aos Bispos da Igreja Católica sobre alguns aspectos da Igreja entendida como comunhão, *Communionis notio* (28 de maio de 1992), 3-6: *AAS* 85 (1993), 839-841.

99. *Propositio* 40.

100. *Ibid.*

101. Conc. Ecum. Vat. I, Const. dogm. sobre a Igreja de Cristo *Pastor aeternus*, Prólogo: *DS* 3051.

Iniciação cristã e comunhão

34.   A comunhão de vida na Igreja obtém-se mediante os sacramentos da iniciação cristã: Batismo, Confirmação e Eucaristia. O Batismo é a «porta de ingresso da vida espiritual; através dele, nos tornamos membros de Cristo e começamos a pertencer ao corpo da Igreja».[102] Os batizados, ao receberem a Confirmação, «são mais perfeitamente vinculados à Igreja, enriquecidos com uma força especial do Espírito Santo e deste modo ficam obrigados a difundir e defender a fé por palavras e obras como verdadeiras testemunhas de Cristo».[103] O itinerário da iniciação cristã alcança o seu coroamento e o seu ápice com a Eucaristia, pela qual o batizado insere-se plenamente no Corpo de Cristo.[104]

«Estes sacramentos são uma excelente oportunidade para uma boa evangelização e catequese, quando a sua preparação é confiada a agentes dotados de fé e competência.»[105] Apesar de haver nas diversas Dioceses da América um inegável progresso na preparação aos Sacramentos da iniciação cristã, os Padres Sinodais lamentaram que ainda «são muitos os que os recebem sem a suficiente formação».[106] Por sua vez, no caso do Batismo das crianças, não se deve omitir um esforço catequético dirigido aos pais e aos padrinhos.

---

102. Conc. Ecum. de Florença, Bula de união *Exultate Deo* (22 de novembro de 1439):*DS* 1314.

103. Conc. Ecum. Vat. II, Const. dogm. sobre a Igreja *Lumen gentium*, 11.

104. Cf. Conc. Ecum. Vat. II, Decr. sobre o ministério e a vida dos presbíteros *Presbyterorum Ordinis*, 5.

105. *Propositio* 41.

106. *Ibid.*

*A Eucaristia, centro de comunhão com Deus
e com os irmãos*

35.   A realidade da Eucaristia não se esgota no fato de ser o Sacramento cume da iniciação cristã. Se o Batismo e a Confirmação têm a função de iniciar e introduzir na mesma vida da Igreja, e não são reiteráveis, [107] a Eucaristia constitui o centro vivo e permanente, em volta do qual se congrega a inteira comunidade eclesial. [108] Os diversos aspectos deste Sacramento refletem sua riqueza inesgotável: ele é, ao mesmo tempo, Sacramento-sacrifício, Sacramento-comunhão, Sacramento-presença. [109]

A Eucaristia é o lugar privilegiado para o encontro com Cristo vivo. Por isso, os Pastores do Povo de Deus na América, mediante a pregação e a catequese, devem esforçar-se em «dar à celebração eucarística dominical uma nova força, como fonte e cume da vida da Igreja, garantia da comunhão no Corpo de Cristo e convite à solidariedade como expressão do mandato do Senhor: 'Como Eu vos tenho amado, assim também vós deveis amar-vos uns aos outros'» (Jo 13,34). [110] Como sugerem os Padres Sinodais, tal esforço deve levar em consideração várias dimensões fundamentais.

---

107. Cf. Conc. Ecum. Tridentino, Ses. VII, *Decr. sobre os sacramentos em geral*, cân. 9: *DS* 1609.

108. Cf. Conc. Ecum. Vat. II, Const. dogm. sobre a Igreja *Lumen gentium*, 26.

109. Cf. João Paulo II, Carta enc. *Redemptor hominis* (4 de março de 1979), 20: *AAS* 71 (1979), 309-316.

110. *Propositio* 42. Cf. João Paulo II, Carta ap. *Dies Domini* (31 de maio de 1998), 69: *AAS* 90 (1998), 755-756.

Primeiramente, é necessário despertar nos fiéis a consciência de que a Eucaristia é um dom imenso: isso os levará a fazer de tudo para participar nela, ativa e dignamente, pelo menos no domingo e nos dias de festa. Ao mesmo tempo, devem ser estimulados «os esforços dos sacerdotes para facilitar esta participação e torná-la possível às comunidades mais distantes».[111] É necessário recordar aos fiéis que «a participação plena, consciente e ativa, apesar de essencialmente distinta do ofício do sacerdote ordenado, é uma atuação do sacerdócio comum recebido no Batismo».[112]

A necessidade de que os fiéis participem na Eucaristia e as dificuldades ligadas à escassez de sacerdotes manifestam a urgência de promover as vocações sacerdotais.[113] É preciso também lembrar a toda a Igreja na América «o nexo existente entre a Eucaristia e a caridade»,[114] nexo que a Igreja primitiva exprimia unindo o *ágape* com a Ceia eucarística.[115] A participação na Eucaristia deve levar a uma mais intensa ação caridosa, como fruto da graça recebida neste sacramento.

---

111. *Propositio* 41.

112. *Propositio* 42; cf. Conc. Ecum. Vat. II, Const. sobre a sagrada Liturgia *Sacrosanctum Concilium*, 14; Const. dogm. sobre a Igreja *Lumen gentium*, 10.

113. Cf. *Propositio* 42.

114. *Propositio* 41.

115. Cf. Conc. Ecum. Vat. II, Decr. sobre o apostolado dos leigos *Apostolicam actuositatem*, 8.

Os Bispos, promotores de comunhão

36.   A comunhão na Igreja, precisamente por ser sinal de vida, deve crescer continuamente. Por conseqüência, os Bispos, lembrando que «cada um deles é princípio e fundamento visível da unidade nas suas respectivas Igrejas»,[116] devem sentir-se comprometidos a promover a comunhão nas suas Dioceses, para que seja mais eficaz o esforço da nova evangelização na América. A dimensão comunitária fica favorecida pelos organismos previstos pelo Concílio Vaticano II em apoio da atividade do Bispo diocesano, organismos que a legislação pós-conciliar especificou mais detalhadamente.[117] «Compete ao Bispo, com a cooperação dos sacerdotes, diáconos, consagrados e leigos [...], realizar um plano de ação pastoral coordenada, que seja orgânico e compartilhado e que alcance todos os membros da Igreja e suscite neles a consciência missionária».[118]

Cada Ordinário não deixará de promover nos sacerdotes e nos fiéis a consciência de que a diocese é a expressão visível da comunhão eclesial, que se forma na mesa da Palavra e da Eucaristia em torno ao Bispo, unido com o Colégio episcopal e sob a sua Cabeça, o Romano

---

116. CONC. ECUM. VAT. II, Const. dogm. sobre a Igreja *Lumen gentium*, 23.

117. Cf. Decr. sobre o múnus pastoral dos Bispos na Igreja *Christus Dominus*, 27; Decr. sobre o ministério e a vida dos presbíteros *Presbyterorum Ordinis, 7;* PAULO VI, Motu proprio *Ecclesiae sanctae* (6 de agosto de 1966), I, 15-17: *AAS* 58 (1966), 766-767; *Código de Direito Canônico*, câns. 495, 502, 511; *Código dos Cânones das Igrejas Orientais*, câns. 264, 271, 272.

118. *Propositio* 43.

Pontífice. Aquela, como Igreja particular, tem a missão de iniciar e incrementar o encontro de todos os membros do Povo de Deus com Jesus Cristo, [119] através do respeito e da promoção daquela pluralidade e diversificação que não impedem a unidade, mas lhe conferem o caráter de comunhão. [120] O espírito de participação e de co-responsabilidade na vida dos organismos diocesanos será certamente favorecido por um conhecimento mais profundo da natureza da Igreja particular. [121]

*Uma comunhão mais intensa
entre as Igrejas particulares*

37. A Assembléia Especial para a América do Sínodo dos Bispos, a primeira na história que reuniu Bispos de todo o Continente, foi por todos sentida como uma graça especial do Senhor à Igreja peregrina na América. Aquela reforçou a comunhão que deve haver entre as Comunidades eclesiais do Continente, deixando transparecer a todos a urgência de aumentá-la ainda mais. As experiências de comunhão episcopal, assíduas sobretudo após o Concílio Vaticano II por causa da consolidação e difusão das Conferências Episcopais, devem ser entendidas como encontros com Cristo vivo, presente nos irmãos reunidos em seu nome (cf. Mt 18,20).

---

119. Cf. *Propositio* 45.

120. Cf. CONGREGAÇÃO PARA A DOUTRINA DA FÉ, Carta aos Bispos da Igreja Católica sobre alguns aspectos da Igreja entendida como comunhão, *Communionis notio* (28 de maio de 1992), 15-16; *AAS* 85 (1993), 847-848.

121. Cf. *Propositio* 45.

A experiência sinodal mostrou, também, as riquezas de uma comunhão que se estende para além do âmbito de cada Conferência Episcopal. Apesar de já existirem formas de diálogo que superam tais limites, os Padres Sinodais assinalaram a conveniência de intensificar as reuniões inter-americanas, já promovidas pelas Conferências Episcopais das diversas Nações americanas, como expressão de efetiva solidariedade e como lugar de encontro e estudo dos comuns desafios para a evangelização da América.[122] Será também oportuno definir com precisão o caráter de tais encontros, de maneira que constituam, sempre mais, expressão de comunhão entre todos os Pastores. Além dessas reuniões mais amplas, pode ser útil, quando exigidas pelas circunstâncias, criar comissões específicas para aprofundar os temas comuns que se refiram a toda a América. Setores nos quais parece particularmente necessário «que se estimule a cooperação, são as mútuas comunicações pastorais, a cooperação missionária, a educação, as migrações, o ecumenismo».[123]

Os Bispos, aos quais cabe o dever de promover a comunhão entre as suas Igrejas particulares, estimularão os fiéis a viver sempre mais a dimensão comunitária, assumindo «a responsabilidade de estreitar os laços de comunhão com as Igrejas locais em outras zonas da América mediante a educação, a mútua comunicação, a fraterna união entre paróquias e dioceses, projetos de cooperação e de prevenção comum em temas de maior relevo, sobretudo naqueles que se referem aos pobres».[124]

---

122. Cf. *Propositio* 44.

123. *Ibid.*

124. *Ibid.*

Comunhão fraterna com as Igrejas católicas orientais

38.   O recente fenômeno da instalação e do crescimento na América de Igrejas particulares católicas orientais, dotadas de hierarquia própria, foi objeto de especial atenção por parte de alguns Padres Sinodais. Um desejo sincero de abraçar cordial e eficazmente estes irmãos na fé e na comunhão hierárquica, sob a autoridade do Sucessor de Pedro, levou a Assembléia Sinodal a propor iniciativas concretas de fraterna ajuda por parte das Igrejas particulares latinas, respeito àquelas católicas orientais presentes no Continente. Assim, por exemplo, foi sugerida a hipótese que os sacerdotes de rito latino, sobretudo quando de origem oriental, possam oferecer sua cooperação litúrgica às comunidades orientais, carentes de um número suficiente de presbíteros. Igualmente, quanto aos edifícios sagrados, os fiéis orientais poderão utilizar, nos casos considerados convenientes, as Igrejas de rito latino.

Dentro deste espírito de comunhão, merecem ser consideradas várias propostas dos Padres Sinodais: que, ali onde for preciso, seja criada, nas Conferências Episcopais nacionais e nos organismos internacionais de cooperação episcopal, uma comissão mista encarregada de estudar os problemas pastorais comuns; que a catequese e a formação teológica para os leigos e os seminaristas da Igreja latina incluam o conhecimento da tradição viva do Oriente cristão; que os Bispos das Igrejas orientais católicas participem nas Conferências Episcopais latinas das respectivas Nações. [125] Não há dúvida que esta cooperação fraterna, enquanto oferece uma preciosa ajuda às Igrejas

---

125. Cf. *Propositio* 60.

católicas orientais constituídas recentemente na América, permitirá às Igrejas particulares latinas enriquecer-se com o patrimônio espiritual das tradições do Oriente cristão.

O presbitério como sinal de unidade

39.   «Cada sacerdote, como membro de uma Igreja particular, deve ser sinal de comunhão com o Bispo sendo o seu colaborador imediato, unido aos seus irmãos no presbitério. Exerce seu ministério com caridade pastoral, principalmente na comunidade que lhe foi confiada, conduzindo-a ao encontro com Cristo, o Bom Pastor. A sua vocação requer que ele seja sinal de unidade. Por isso, deve evitar qualquer participação na atividade política do tipo partidário, que dividiria a comunidade». [126] Os Padres Sinodais auspiciam que «se fomente uma ação pastoral a favor do clero diocesano, para reforçar a sua espiritualidade, a sua missão e a sua identidade, que tem como centro o seguimento de Cristo Sumo e Eterno Sacerdote, sempre encaminhado a cumprir a vontade do Pai. Ele é o modelo da generosa dedicação, da vida austera e do serviço até a morte. O sacerdote tome consciência do fato que, pelo sacramento da Ordem, é portador de graça, que distribui aos irmãos nos sacramentos. Ele próprio santifica-se no exercício do ministério». [127]

É imenso o campo onde se desenrola a ação dos sacerdotes. Convém, portanto, «que estes ponham no centro da sua atividade o que é essencial para o ministério:

126. *Propositio 49.*
127. *Ibid.*

deixar-se configurar a Cristo, Cabeça e Pastor, fonte de caridade pastoral, oferecendo-se eles próprios, todos os dias, com Cristo na Eucaristia, para ajudar os fiéis a viver o encontro pessoal e comunitário com Jesus Cristo vivo». [128] Como testemunhas e discípulos de Cristo misericordioso, eles são chamados a fazer-se instrumentos de perdão e de reconciliação, empenhando-se generosamente a serviço dos fiéis, conforme o espírito do Evangelho.

Os presbíteros devem também prestar atenção, enquanto pastores do Povo de Deus na América, aos desafios do mundo atual e ser sensíveis aos problemas e as esperanças da sua gente, partilhando suas vicissitudes e, sobretudo, assumindo uma atitude de solidariedade com os pobres. Cuidarão de discernir os carismas e as qualidades dos fiéis capazes de contribuir para a animação da comunidade, escutando-os e dialogando com eles, estimulando, assim, a participação e a co-responsabilidade. Isso favorecerá uma melhor distribuição das tarefas, permitindo-lhes «dedicar-se àquilo que está mais diretamente ligado ao encontro e ao anúncio de Jesus Cristo, para poder representar melhor, no seio da comunidade, a presença de Jesus que reúne o seu povo». [129]

Esta obra de discernimento dos carismas estender-se-á também à valorização daqueles sacerdotes que se revelam capazes de levar a cabo ministérios particulares. De resto, a todos os sacerdotes, pede-se que dêem a própria ajuda fraterna ao presbitério, e que recorram a este com confiança em caso de necessidade.

---

128. *Ibid*; cf. Conc. Ecum. Vat. II, Decr. sobre o ministério e a vida dos Presbíteros *Presbyterorum Ordinis*, 14.

129. *Propositio* 49.

Diante da esplêndida realidade de tantos sacerdotes na América que, com a graça de Deus, se esforçam por dar saída a uma enorme quantidade de trabalho, faço meu o desejo dos Padres Sinodais de reconhecer e louvar sua «dedicação incansável de pastores, evangelizadores e animadores da comunhão eclesial, exprimindo-lhes gratidão e encorajando-os a continuar a oferecer sua vida a serviço do Evangelho». [130]

Promover a pastoral vocacional

40. O papel indispensável do sacerdote no meio da comunidade deve conscientizar todos os filhos da Igreja na América da importância da pastoral vocacional. O Continente americano possui uma numerosa juventude, rica de valores humanos e religiosos. Por isso, deve-se cultivar os ambientes onde nascem as vocações para o sacerdócio e para a vida consagrada, e convidar as famílias cristãs a ajudar os filhos quando se sentirem chamados a seguir este caminho. [131] Com efeito, as vocações «são um dom de Deus» e «nascem nas comunidades de fé, sobretudo na família, na paróquia, nas escolas católicas e em outras organizações da Igreja. Os Bispos e os presbíteros têm a especial responsabilidade de estimular tais vocações através do convite pessoal, e principalmente com o testemunho de uma vida de fidelidade, alegria, entusiasmo e santidade. A responsabilidade de promover vocações para o sacerdócio cabe a todo o Povo de Deus

---

130. *Ibid.*
131. Cf. *Propositio* 51.

e se realiza principalmente na oração constante e humilde pelas vocações». [132]

Os seminários, como lugares de acolhida e de formação dos chamados ao sacerdócio, devem preparar os futuros ministros da Igreja a viver «numa sólida espiritualidade de comunhão com Cristo Pastor, e de docilidade à ação do Espírito, que os tornará capazes de discernir as expectativas do Povo de Deus e diferentes carismas, e de trabalhar juntos». [133] Por isso, nos seminários «deve-se insistir especialmente sobre a formação especificamente espiritual, a fim de que com a constante conversão, a atitude de oração, a freqüência aos sacramentos da Eucaristia e da Penitência, os candidatos se formem no encontro com o Senhor e se preocupem em fortalecer-se para o generoso trabalho pastoral». [134] Cuidem os formadores de acompanhar e guiar os seminaristas para uma maturidade afetiva que os faça aptos a abraçar o celibato sacerdotal e capazes de viver em comunhão com seus co-irmãos na vocação sacerdotal. Além disso, promovam neles a capacidade de observação crítica da realidade circunstante, para que sejam capazes de discernir os valores dos que não o são, sendo este um requisito indispensável para estabelecer um diálogo construtivo com o mundo de hoje.

Particular atenção será reservada às vocações provindas entre os indígenas: ocorre proporcionar uma formação inculturada no seu ambiente. Esses candidatos para o sacerdócio, ao receberem uma adequada formação teo-

---

132. *Propositio* 48.
133. *Propositio* 51.
134. *Propositio* 52.

lógica e espiritual para o seu futuro ministério, não devem perder as raízes da própria cultura. [135]

Os Padres Sinodais quiseram também agradecer e louvar todos aqueles que consagram a vida na formação dos futuros presbíteros nos seminários. Ao mesmo tempo convidaram os Bispos a destinar para essa tarefa os sacerdotes mais adequados, depois de os preparar com uma formação específica necessária para habilitá-los a uma missão tão delicada. [136]

Renovar a instituição paroquial

41. A paróquia é um lugar privilegiado onde os fiéis podem fazer a experiência concreta da Igreja. [137] Hoje em dia, tanto na América como em outras partes do mundo, a paróquia atravessa por vezes algumas dificuldades no desempenho da própria missão. Ela precisa de uma contínua renovação a partir do princípio fundamental de que «a paróquia deve continuar a ser acima de tudo comunidade eucarística». [138] Esse princípio implica que «as paróquias são chamadas a ser acolhedoras e solidárias, lugar da iniciação cristã, da educação e da celebração da fé, abertas à variedade de carismas, serviços e ministérios, organizadas comunitária e responsavelmente, capazes de comprometer os movimentos de apostolado já atuantes, atentas às distintas culturas dos habitantes, abertas aos

---

135. Cf. *ibid.*
136. Cf. *ibid.*
137. Cf. *Propositio* 46.
138. *Ibid.*

projeto pastorais e supraparoquiais e às realidades circunstantes».[139]

Merecem uma especial atenção, pela sua problemática específica, as paróquias nos grandes aglomerados urbanos, onde as dificuldades são tão grandes que as normais estruturas pastorais vem a ser inadequadas e as possibilidades de ação apostólica notavelmente reduzidas. Contudo, a instituição paroquial conserva a sua importância e deve ser mantida. Para alcançar este objetivo, ocorre «continuar na procura dos meios com os quais a paróquia e as suas estruturas pastorais se tornem mais eficazes nas zonas urbanas».[140] Um meio de renovação paroquial, particularmente urgente nas paróquias das grandes cidades, pode ser encontrado talvez considerando a paróquia como comunidade de comunidades e de movimentos.[141] Por isso, é oportuno a formação de comunidades e de grupos eclesiais de tal dimensão, que permitam estabelecer verdadeiras relações humanas. Isso permitirá viver mais intensamente a comunhão, preocupando-se em cultivá-la não somente «ad intra», mas também com a comunidade paroquial à qual pertencem tais grupos, e com toda a Igreja diocesana e universal. Dessa forma será mais fácil, no âmbito deste contexto humano, reunir-se na escuta da Palavra de Deus, para refletir, à sua luz, sobre os vários problemas humanos e concluir opções responsáveis inspiradas no amor universal de Cristo.[142] A instituição paro-

---

139. *Ibid.*

140. *Propositio* 35.

141. Cf. IV CONFERÊNCIA GERAL DO EPISCOPADO LATINO-AMERICANO: *Nova evangelização, promoção humana e cultura cristã,* Santo Domingo, outubro de 1992, 58.

142. Cf. JOÃO PAULO II, Carta enc. *Redemptoris missio* (7 de dezembro de 1990), 51: *AAS* 83 (1991), 298-299.

quial assim renovada «pode suscitar uma grande esperança. Pode formar comunitariamente as pessoas, oferecer ajuda à vida familiar, superar a condição de anonimato, acolher as pessoas e ajudá-las a inserir-se no âmbito local e da sociedade». [143] Deste modo, hoje cada paróquia, especialmente as sediadas nas cidades, poderá promover uma evangelização mais pessoal, e, ao mesmo tempo, aumentar as relações positivas com os outros agentes sociais, educacionais e comunitários. [144]

Além disso, «este tipo de paróquia renovada requer uma figura de pastor que, sobretudo, cultive uma profunda experiência de Cristo vivo, com espírito missionário, coração paterno, que seja animador da vida espiritual e evangelizador, capaz de promover a participação. A paróquia renovada necessita da colaboração dos leigos, de um animador da atividade pastoral e da capacidade do pastor de trabalhar com os demais. As paróquias na América se devem notar pelo espírito missionário, que as levem a estender a própria ação fora dos próprios limites». [145]

Os diáconos permanentes

42.   Por sérios motivos pastorais e teológicos, o Concílio Vaticano II decidiu restabelecer o diaconato como grau permanente da hierarquia na Igreja latina, deixando às Conferências Episcopais, com a aprovação do Sumo Pontífice, avaliar a oportunidade de instituir os diáconos

---

143. *Propositio* 35.

144. Cf. *Propositio* 46.

145. *Ibid.*

permanentes e em quais lugares. [146] Trata-se de uma experiência muita diferenciada não só entre as diferentes regiões da América, mas inclusive entre as dioceses da mesma região. «Algumas dioceses formaram e ordenaram muitos diáconos, e estão plenamente satisfeitas da sua integração e do seu ministério». [147] Comprova-se aqui com alegria como os diáconos, «amparados pela graça sacramental, no ministério (*diaconia*) da liturgia, da palavra e da caridade, estão a serviço do Povo de Deus, em comunhão com o Bispo e o seu presbitério». [148] Dioceses há que não encetaram este caminho, enquanto em outras existem dificuldades na integração dos diáconos permanentes no âmbito da estrutura hierárquica.

Ressalvada a liberdade das Igrejas particulares de restabelecer, com o consentimento do Sumo Pontífice, o diaconado como grau permanente, está claro que o sucesso da sua restauração implica um diligente processo de seleção, uma séria formação e uma atenção escrupulosa aos candidatos, bem como um cuidadoso acompanhamento tanto destes ministros sagrados, como também, no caso dos diáconos casados, da sua família, da mulher e dos seus filhos. [149]

---

146. Cf. Const. dogm. sobre a Igreja Lumen gentium, 29; Paulo VI, Motu proprio *Sacrum Diaconatus Ordinem* (18 de junho de 1967) I, 1: *AAS* 59 (1967), 699.

147. *Propositio* 50.

148. Conc. Ecum. Vat. II, Const. dogm. sobre a Igreja *Lumen gentium*, 29.

149. Cf. *Propositio* 50; Congregação para a Educação Católica e Congregação para o Clero, Instr. *Ratio fundamentalis institutionis diaconorum permanentium* e *Directorium pro ministerio et vita diaconorum permanentium* (22 de fevereiro de 1998): *AAS* 90 (1998), 843-926.

A vida consagrada

43. A história da evangelização na América constitui um testemunho significativo do esforço missionário realizado por tantas pessoas consagradas que, desde o início, anunciaram o Evangelho, defenderam os direitos dos indígenas e, com amor heróico a Cristo, dedicaram-se ao serviço do Povo de Deus no Continente.[150] A contribuição das pessoas consagradas ao anúncio do Evangelho na América continua sendo de enorme importância; trata-se de uma contribuição diferenciada conforme os carismas próprios de cada grupo: «os Institutos de vida contemplativa que testemunham o absoluto de Deus, os Institutos apostólicos e missionários que tornam presente Cristo nos mais diferentes campos da existência humana, os Institutos seculares que ajudam a resolver a tensão entre a abertura real aos valores do mundo moderno e a profunda entrega de coração a Deus. Nascem, também, novos Institutos e novas formas de vida consagrada, que exigem discernimento evangélico».[151]

«Dado que o futuro da nova evangelização [...] é impensável sem uma renovada contribuição das mulheres, especialmente das mulheres consagradas»,[152] é urgente favorecer sua participação nos vários setores da vida eclesial, inclusive nos processos onde se elaboram as decisões, sobretudo naquilo que se refere diretamente a elas.[153]

---

150. Cf. *Propositio* 53.

151. *Ibid.*; cf. III Conferência Geral do Episcopado Latino-Americano, *Mensagem aos povos da América Latina* (Puebla 1979), n. 775.

152. João Paulo II, Exort. ap. pós-sinodal *Vita consecrata* (25 de março de 1996), 57: *AAS* 88 (1996), 429-430.

153. Cf. *ibid.*, 58: *l.c.*, 430.

«Também hoje o testemunho da vida plenamente consagrada a Deus é uma eloqüente proclamação do fato que Ele basta para realizar plenamente a existência de qualquer pessoa».[154] Essa consagração ao Senhor se deve prolongar no generoso serviço à difusão do Reino de Deus. Por esse motivo, nos umbrais do terceiro milênio ocorre conseguir «que a vida consagrada seja ainda mais estimada e promovida pelos Bispos, sacerdotes e comunidades cristãs, e que os consagrados, conscientes da alegria e da responsabilidade da sua vocação, se integrem plenamente na Igreja particular à qual pertencem e promovam a comunhão e a mútua colaboração».[155]

Os fiéis leigos e a renovação da Igreja

44. «A doutrina do Concílio Vaticano II sobre a unidade da Igreja, como Povo de Deus reunido na unidade do Pai e do Filho e do Espírito Santo, destaca que são comuns à dignidade de todos os batizados a imitação e o seguimento de Cristo, a comunhão recíproca e o mandato missionário».[156] É necessário, portanto, que os fiéis leigos se conscientizem de sua dignidade de batizados. Por seu lado, os Pastores tenham profunda estima «do testemunho e da ação evangelizadora dos leigos que, inseridos no Povo de Deus com espiritualidade de comunhão, conduzem os irmãos ao encontro com Jesus Cristo vivo. A renovação da Igreja na América não será possível sem a

---

154. *Propositio* 53.
155. *Ibid.*
156. *Propositio* 54.

presença ativa dos leigos. Por isso, lhes compete, em grande parte, a responsabilidade do futuro da Igreja». [157]

Duplo é o âmbito em que se realiza a vocação dos fiéis leigos. O primeiro, e mais condizente com o seu estado laical, é o das realidades temporais, que são chamados a ordenar conforme a vontade de Deus. [158] «De fato, com seu peculiar modo de agir, o Evangelho é levado dentro das estruturas do mundo e, 'agindo em toda parte santamente, consagram a Deus o próprio mundo'». [159] Graças aos fiéis leigos, «a presença e a missão da Igreja no mundo se realiza, de modo especial, na variedade dos carismas e ministérios que possui o laicato. A secularidade é a nota característica e própria do leigo e da sua espiritualidade, que o leva a agir nos vários âmbitos da vida familiar, social, profissional, cultural e política, em vista da sua evangelização. Num Continente em que convivem a competição e a agressividade, o consumo desenfreado e a corrupção, os leigos são chamados a encarnar valores profundamente evangélicos como a misericórdia, o perdão, a honestidade, a transparência de coração e a paciência nas situações difíceis. Dos leigos espera-se uma grande força criadora em gestos e obras que manifestem uma vida coerente com o Evangelho». [160]

A América necessita de cristãos leigos em grau de assumir cargos de dirigentes na sociedade. É urgente for-

---

157. *Ibid.*

158. Cf. Conc. Ecum. Vat. II, Const. dogm. sobre a Igreja *Lumen gentium*, 31.

159. *Propositio* 55; cf. Conc. Ecum. Vat. II, Const. dogm. sobre a Igreja *Lumen gentium*, 34.

160. *Propositio* 55.

mar homens e mulheres capazes de influir, segundo a própria vocação, na vida pública, orientando-a para o bem comum. No exercício da política, considerada no seu sentido mais nobre e autêntico de administração do bem comum, aqueles podem encontrar o caminho da própria santificação. Em vista disso, é necessário que sejam formados quer nos princípios e nos valores da doutrina social da Igreja, quer nas noções fundamentais da teologia do laicato. O conhecimento mais profundo dos princípios éticos e dos valores morais cristãos lhes permitirá tornar-se paladinos no seu ambiente, proclamando-os inclusive em relação à assim chamada «neutralidade do Estado». [161]

Um segundo âmbito no qual muitos fiéis leigos são chamados a trabalhar é aquele que se poderia definir «intra-eclesial». São muitos os leigos na América que nutrem a legítima aspiração de contribuir com os seus talentos e carismas «na construção da comunidade eclesial, como delegados da Palavra, catequistas, visitadores de enfermos ou de detentos, animadores de grupos etc.». [162] Os Padres Sinodais fizeram votos de que a Igreja reconheça algumas dessas tarefas como ministérios laicais, baseados nos sacramentos do Batismo e da Confirmação, ressalvada porém a especificidade própria dos ministérios do Sacramento da Ordem. Trata-se de um tema vasto e complexo para cujo estudo, já há algum tempo, constitui uma específica Comissão, [163] e sobre o qual os Organismos da Santa Sé têm vindo aos poucos oferecendo

---

161. Cf. *ibid.*

162. *Propositio* 56.

163. Cf. Exort. ap. pós-sinodal *Christifideles laici* (30 de dezembro de 1988), 23: *AAS* 81 (1989), 429-433.

algumas diretrizes.[164] É necessário promover a profícua colaboração dos fiéis leigos, homens e mulheres, bem preparados nas diversas atividades dentro da Igreja, evitando, contudo, que haja confusão com os ministérios ordenados e com as ações próprias do sacramento da Ordem, para distinguir claramente o sacerdócio comum dos fiéis daquele ministerial.

A esse propósito, os Padres Sinodais sugeriram que as tarefas confiadas aos leigos sejam bem «diferenciadas das que constituem etapas em direção ao ministério ordenado»,[165] e que os candidatos ao sacerdócio recebem antes do Presbiterado. Foi também observado que tais tarefas laicais «não devem ser conferidas a não ser a pessoas, homens ou mulheres, que receberam a formação requerida, segundo critérios precisos: uma certa constância, uma disponibilidade real em relação a um determinado grupo de pessoas, a obrigação de prestar contas ao próprio Pastor».[166] De qualquer forma, mesmo devendo-se estimular o apostolado intra-eclesial, é preciso que este coexista com a atividade própria dos leigos, em que eles não podem ser substituídos pelos sacerdotes, isto é, o campo das realidades temporais.

Dignidade da mulher

45.   Deve ser reservada especial atenção à vocação da mulher. Em outras ocasiões, eu quis exprimir o meu apre-

---

164. Cf. Congregação para o clero e Outras, Instr. *Ecclesiae de mysterio* (15 de agosto de 1997): *AAS* 89 (1997), 852-877.

165. *Propositio* 56.

166. *Ibid.*

ço pela contribuição específica da mulher no progresso da humanidade e reconhecer a legitimidade das suas aspirações a participar plenamente na vida eclesial, cultural, social e econômica.[167] Sem tal participação, viriam a faltar algumas riquezas que só o «gênio feminino»[168] pode contribuir à vida da Igreja e da mesma sociedade. Não reconhecê-lo constituiria uma injustiça histórica especialmente na América, se se leva em consideração a contribuição das mulheres no desenvolvimento material e cultural do Continente, como também na transmissão e conservação da fé. De fato, «o seu papel foi decisivo sobretudo na vida consagrada, na educação, na assistência sanitária».[169]

Infelizmente, em muitas regiões do Continente americano a mulher é ainda objeto de discriminação. Por isso, pode-se dizer que a face dos pobres na América é ainda a face de muitas mulheres. Eis porque os Padres Sinodais falaram de um «aspecto feminino da pobreza».[170] A Igreja sente-se no dever de insistir sobre a dignidade humana comum a toda pessoa. Ela «denuncia a discriminação, o abuso sexual e a prepotência masculina como ações contrárias ao plano de Deus».[171] De modo particular, ela deplora como abominável a esterilização, às vezes programada, das mulheres, sobretudo das mais pobres e margi

---

167. Cf. Carta ap. *Mulieris dignitatem* (15 de agosto de 1988): *AAS* 80 (1988), 1653-1729; *Carta às mulheres* (29 de junho de 1995): *AAS* 87 (1995), 803-812; *Propositio* 11.

168. Carta ap. *Mulieris dignitatem* (15 de agosto de 1988), 31: *AAS* 80 (1988), 1728.

169. *Propositio* 11.

170. *Ibid.*

171. *Ibid.*

nalizadas, que está sendo praticada, com freqüência su-
breticiamente, à revelia das mesmas interessadas; mais
grave ainda quando se recorrem a tais meios, para conseguir ajudas econômicas a nível internacional.

A Igreja no Continente sente-se levada a intensificar a atenção das mulheres e a defendê-las «para que a
sociedade na América ajude ainda mais a vida familiar
baseada sobre o matrimônio, proteja ainda mais a maternidade e tenha mais respeito pela dignidade de todas as
mulheres».[172] Deve-se ajudar as mulheres americanas a
tomar parte ativa e responsável na vida e na missão da
Igreja,[173] como também é preciso reconhecer a necessidade da sua sabedoria e colaboração nas funções diretivas
da sociedade americana.

Os desafios para a família cristã

46.   «Deus Criador, formando o primeiro homem e a
primeira mulher, e ordenando-lhes 'sede fecundos e mul-
tiplicai-vos' (Gn 1,28), constituiu definitivamente a família. Neste santuário nasce a vida e é acolhida como um
dom de Deus. A Palavra divina, lida assiduamente na
família, edifica-a aos poucos como Igreja doméstica e
torna-a fecunda em humanidade e virtudes cristãs; ali se
encontra a fonte das vocações. A devoção mariana, ali-
mentada pela oração, conservará unida a família em atitude de oração com Maria, como os discípulos de Jesus

---

172. *Ibid.*

173. Cf. João Paulo II, Exort. ap. pós-sinodal *Christifideles laici*
(30 de dezembro de 1988), 49: *AAS* 81 (1989), 486-489.

antes de Pentecostes» (cf. At 1,14). [174] São muitas as insídias que ameaçam a solidez da instituição familiar na maior parte dos Países da América, e constituem iguais desafios para os cristãos. Entre outros, deve-se mencionar o aumento dos divórcios, a difusão do aborto, do infanticídio e da mentalidade antinatalista. Diante desta situação é preciso reafirmar «que o fundamento da vida humana é a relação conjugal entre o marido e a mulher, relação que entre os cristãos é sacramental». [175]

É urgente, portanto, uma ampla obra de catequese acerca do ideal cristão da comunhão conjugal e da vida familiar, que inclua uma espiritualidade da paternidade e da maternidade. Maior atenção pastoral vai dirigida ao papel dos homens como maridos e como pais, bem como a responsabilidade que compartilham com as esposas em respeito ao matrimônio, à família e à educação dos filhos. Tampouco se omita uma séria preparação dos jovens antes do casamento, na qual seja apresentada com clareza a doutrina católica sobre este sacramento, em nível teológico, antropológico e espiritual. Num Continente caracterizado por um notável crescimento demográfico, como é a América, devem-se aumentar continuamente as iniciativas pastorais dirigidas às famílias.

Por ser verdadeiramente «igreja doméstica», [176] a família cristã é chamada a constituir o âmbito em que os pais transmitem a fé, devendo ser «para seus filhos, com a palavra e com o exemplo, os primeiros anunciadores da

---

174. *Propositio* 12.

175. *Ibid.*

176. Conc. Ecum. Vat. II, Const. dogm. sobre a Igreja *Lumen gentium*, 11.

fé». [177] Não falte na família a prática da oração realizada pelos cônjuges, em união com os filhos. Deve-se favorecer, a este respeito, momentos em comum de vida espiritual: a participação à Eucaristia nos dias de preceito, a prática do sacramento da Reconciliação, a oração cotidiana em família e gestos concretos de caridade. Assim será consolidada a fidelidade no matrimônio e a unidade da família. Num ambiente familiar com essas características, não será difícil que os filhos saibam descobrir sua vocação a serviço da comunidade e da Igreja e que aprendam, especialmente à luz do exemplo dos seus pais, que a vida familiar é um caminho para realizar a vocação universal à santidade. [178]

Os jovens, esperança do futuro

47.   Os jovens são uma grande força social e de evangelização. Eles «constituem uma numerosíssima parte da população em muitas nações americanas. No seu encontro com Cristo vivo, se alicerçam as esperanças e expectativas por um futuro de maior comunhão e solidariedade para a Igreja e as sociedades na América». [179] São evidentes os esforços empregados pelas Igrejas particulares no Continente, para acompanhar os adolescentes no itinerário catequético antes da Confirmação e dos outros apoios que lhes ofereçem, a fim de que progridam na aproximação a Cristo e no conhecimento do Evangelho. O itinerário formativo dos jovens deve ser constante e dinâmico, apto

---

177. *Ibid.*

178. Cf. *Propositio* 12.

179. *Propositio* 14.

para ajudá-los a encontrar seu lugar na Igreja e no mundo. A pastoral da juventude, portanto, deve estar entre as preocupações primárias dos Pastores e das comunidades.

Na verdade, muitos são os jovens americanos que vão em busca de um autêntico significado a dar à própria vida e que vivem sedentos de Deus, faltam porém, com freqüência, as condições adequadas para fazer frutificar suas capacidades e realizar suas aspirações. Infelizmente, a falta de maturidade e de perspectivas para o futuro os leva, às vezes, à marginalização e à violência. A sensação de frustração que experimentam por tudo isso não raro os conduz a abandonar a busca de Deus. Diante de uma situação tão complexa, «a Igreja empenha-se em manter sua opção pastoral e missionária pelos jovens, para que possam encontrar hoje a Jesus Cristo vivo».[180]

A ação pastoral da Igreja logra alcançar muitos desses adolescentes e jovens, mediante a animação cristã da família, a catequese, as instituições educacionais católicas e a vida comunitária na paróquia. Mas existem muitos outros, especialmente entre os que sofrem várias formas de pobreza, que se situam fora do âmbito da atividade eclesial. Devem ser os jovens cristãos, formados numa consciência missionária amadurecida, os apóstolos dos seus coetâneos. Faz falta uma ação pastoral que atinja os jovens nos seus vários ambientes: nos colégios, nas universidades, no mundo do trabalho, nos ambientes rurais, com uma adaptação apropriada à sua sensibilidade. Será também oportuno desenvolver, no âmbito paroquial e diocesano, uma atividade pastoral da juventude que leve em conta a evolução do mundo dos jovens, que procure dia-

---

180. *Ibid.*

logar com eles, que não exclua as ocasiões propícias para encontros mais amplos, que anime as iniciativas locais e valorize o que já se realiza em nível interdiocesano e internacional.

Que fazer com os jovens que revelam atitudes imaturas, de certa inconstância, e dificuldade para assumir compromissos sérios e definitivos? Diante dessa carência de maturidade é necessário convidar os jovens a serem corajosos, formando-os para apreciar o valor do compromisso para toda a vida, como no caso do sacerdócio, da vida consagrada e do matrimônio cristão. [181]

Acompanhar a criança no seu encontro com Cristo

48.   As crianças são dom e sinal da presença de Deus. «É preciso acompanhar a criança no seu encontro com Cristo, desde o Batismo até a Primeira Comunhão, pois ela faz parte da comunidade viva de fé, esperança e caridade». [182] A Igreja agradece a dedicação dos pais, dos mestres, dos agentes da pastoral, sociais e da saúde, e a todos os que estão a serviço da família e das crianças com a mesma atitude de Jesus Cristo que diz: «Deixai vir a mim estas criancinhas e não as impeçais. Porque delas é o reino dos céus» (Mt 19,14).

Com razão os Padres Sinodais lamentam e condenam a triste condição de muitas crianças em toda a América, privadas da dignidade, da inocência e inclusive da vida. «Esta condição inclui a violência, a pobreza, a falta

---

181. Cf. *ibid.*
182. *Propositio* 15.

de casa e de uma adequada assistência sanitária e educacional, os prejuízos da droga e do álcool e outros estados de abandono e de abuso».[183] A este respeito, no Sínodo foi especialmente mencionada a problemática do abuso sexual das crianças e da prostituição infantil, e os Padres lançaram um fervente apelo «a todos os que estão constituídos em autoridade na sociedade, a fim de que, como exigência prioritária, façam tudo o que está ao seu alcance para aliviar o sofrimento das crianças na América».[184]

Elementos de comunhão com as outras Igrejas e Comunidades eclesiais

49.   Entre a Igreja Católica e as outras Igrejas e Comunidades eclesiais existe um esforço de comunhão que se enraíza no Batismo administrado em cada uma delas.[185] É um esforço que se alimenta pela oração, o diálogo e a ação comum. Os Padres Sinodais quiseram exprimir uma especial vontade de «colaboração no diálogo já encetado com a Igreja ortodoxa, com a qual temos muitos elementos em comum de fé, de vida sacramental e de piedade».[186] São múltiplas as propostas concretas da Assembléia Sinodal, sobre o conjunto das Igrejas e Comunidades eclesiais cristãs não católicas. Sugere-se, em primeiro lugar, «que os cristãos católicos, pastores e fiéis, promovam o encontro dos cristãos das diferentes confissões, na

---

183. *Ibid.*

184. *Ibid.*

185. Cf. Conc. Ecum. Vat. II, Decr. sobre o ecumenismo *Unitatis redintegratio*, 3.

186. *Propositio* 61.

colaboração, em nome do Evangelho, para responder ao grito dos pobres, com a promoção da justiça, a oração em comum pela unidade e a participação na Palavra de Deus e na experiência da fé em Cristo vivo».[187] Deve estimular-se também, quando for oportuno e conveniente, as reuniões de peritos das diversas Igrejas e Comunidades eclesiais para facilitar o diálogo ecumênico. O ecumenismo deve ser objeto de reflexão e de comunicação de experiências entre as diferentes Conferências Episcopais católicas do Continente.

Apesar do Concílio Vaticano II se referir a todos os batizados e crentes em Cristo como a «irmãos no Senhor»,[188] é necessário saber distinguir com clareza as comunidades cristãs, com as quais é possível estabelecer relações inspiradas na dinâmica ecumênica, das seitas, cultos e outros movimentos religiosos falazes.

Relação da Igreja com as comunidades hebraicas

50.   Na sociedade americana existem também comunidades de hebreus, com as quais a Igreja instaurou nestes últimos anos uma ampla colaboração.[189] Na história da salvação, é evidente a nossa especial relação com o povo hebraico. Dele faz parte Jesus, que deu início à sua Igreja dentro da Nação judaica. Grande parte da Sagrada Escritura, que nós cristãos lemos como Palavra de Deus, cons-

---

187. *Ibid.*
188. Decr. sobre o ecumenismo *Unitatis redintegratio*, 3.
189. Cf. *Propositio* 62.

titui um patrimônio espiritual comum com os hebreus. [190] Deve-se, portanto, evitar qualquer atitude negativa a seu respeito, pois, «para abençoar o mundo, é necessário que os Hebreus e os Cristãos sejam primeiramente bênção uns aos outros». [191]

Religiões não-cristãs

51.   Quanto às religiões não cristãs, a Igreja Católica não rejeita nada do que há nelas de verdadeiro e de santo. [192] Por isso, com relação às outras religiões, os católicos pretendem ressaltar os elementos de verdade onde quer que estejam, mas, ao mesmo tempo, testemunham com vigor a novidade da revelação de Cristo conservada na sua integridade pela Igreja. [193] Coerentemente com esta atitude, eles rejeitam como alheia ao espírito de Cristo qualquer discriminação ou perseguição contra pessoas devido à sua raça, cor, condição de vida ou de religião. A diferença de religião jamais deve ser motivo de violência ou de guerra. Pelo contrário, pessoas de crenças diferentes devem sentir-se levadas, precisamente por causa da própria adesão a elas, a trabalhar unidas pela paz e pela justiça.

---

190. Cf. SÍNODO DOS BISPOS, Assembléia Especial para a Europa, Decl. *Ut testes simus Christi qui nos liberavit* (13 de dezembro de 1991), III, 8: *L'Osservatore Romano* (ed. port. de 29 de dezembro de 1991), p. 6.

191. *Propositio* 62.

192. Cf. CONC. ECUM. VAT. II, Decl. sobre as relações da Igreja com as religiões não-cristãs *Nostra aetate*, 2.

193. Cf. *Propositio* 63.

«Os muçulmanos, como os cristãos e os hebreus, chamam a Abraão seu pai. Este fato deve garantir que, em toda a América, essas três comunidades vivam em harmonia e trabalhem juntas pelo bem comum. Da mesma forma, a Igreja na América deve esforçar-se por incentivar o mútuo respeito e as boas relações com as religiões nativas americanas». [194] Análoga atitude deve ser promovida com relação aos grupos de hinduístas e budistas ou de outras religiões, que os recentes fluxos migratórios, provindos de países orientais, levaram à terra americana.

---

194. *Ibid.*

CAPÍTULO V

CAMINHO PARA A SOLIDARIEDADE

«Nisto todos conhecerão que sois meus discípulos,
se vos amardes uns aos outros» (Jo 13,35)

A solidariedade, fruto da comunhão

52.   «Em verdade eu vos declaro: todas as vezes que
fizestes isto a um destes meus irmãos mais pequeninos,
foi a mim mesmo que o fizestes» (Mt 25,40; cf. 25,45). A
noção da comunhão com Cristo e com os irmãos, que por
sua vez é fruto da conversão, leva a servir o próximo em
todas as suas necessidades, tanto materiais como espirituais, porque em cada homem resplandece o rosto de Cristo. Por isso, «a solidariedade é fruto da comunhão que se
baseia no mistério de Deus uno e trino, e no Filho de
Deus encarnado e morto por todos. Ela se exprime no
amor do cristão que procura o bem de todos, especialmente dos mais necessitados».[195]

Nasce daí, para as Igrejas particulares do Continente americano, o compromisso da recíproca solidariedade e
da partilha dos bens materiais e dos dons espirituais com
que Deus as abençoou, estimulando a disponibilidade das
pessoas para trabalhar onde for preciso. A partir do Evangelho, é necessário promover uma cultura da solidariedade que incentive oportunas iniciativas de apoio aos pobres

---

195. *Propositio* 67.

e aos marginalizados, de modo especial aos refugiados, que vêem-se forçados a deixar suas aldeias e terras para fugir da violência. A Igreja na América deve estimular os organismos internacionais do Continente, para que se estabeleça uma ordem econômica na qual não predomine somente o critério do lucro, mas também os da procura do bem comum nacional e internacional, da distribuição justa dos bens e da promoção integral dos povos. [196]

A doutrina da Igreja,
expressão das exigências da conversão

53.   Enquanto que o relativismo e o subjetivismo registram uma difusão preocupante no campo da doutrina moral, a Igreja na América é chamada a anunciar, com renovado vigor, que a conversão consiste na adesão à pessoa de Jesus Cristo, com todas as implicações teológicas e morais ilustradas pelo Magistério eclesial. Convem reconhecer «o papel que desempenham neste sentido os teólogos, os catequistas e os professores de religião que, ao expor com fidelidade ao Magistério a doutrina da Igreja, cooperam diretamente na correta formação da consciência dos fiéis». [197] Se acreditamos que Jesus é a Verdade (cf. Jo 14,6), só podemos desejar com ardor ser suas testemunhas para aproximar os irmãos à verdade plena que reside no Filho de Deus feito homem, morto e ressuscitado para a salvação da gênero humano. «Deste modo poderemos ser, neste mundo, lâmpadas vivas de fé, esperança e caridade». [198]

---

196. Cf. *ibid.*
197. *Propositio* 68.
198. *Ibid.*

A doutrina social da Igreja

54.   Diante dos graves problemas de ordem social que, com características distintas, encontram-se em toda a América, o católico sabe que pode encontrar na doutrina social da Igreja a resposta por onde iniciar a identificar as soluções concretas. Difundir tal doutrina constitui, portanto, uma autêntica prioridade pastoral. É, pois, importante «que na América os agentes de evangelização (Bispos, sacerdotes, professores, animadores pastorais etc...) assimilem este tesouro que é a doutrina social da Igreja e, iluminados por ela, se tornem capazes de ler a realidade atual e de procurar os caminhos para agir». [199]

A este respeito, deve-se privilegiar a formação dos leigos capazes de trabalhar, em nome da fé em Cristo, para a transformação das realidades temporais. Será oportuno promover e apoiar o estudo desta doutrina em todos os âmbitos das Igrejas particulares na América e, sobretudo, no universitário, para que ela seja conhecida com maior profundidade e aplicada na sociedade americana. A complexa realidade social deste Continente é um campo fecundo para a análise e a aplicação dos princípios universais de tal doutrina.

Para conseguir esse objetivo, seria muito útil um compêndio ou uma síntese autorizada da doutrina social católica, inclusive um «catecismo» que mostre a relação que existe entre esta e a nova evangelização. A parte que o *Catecismo da Igreja Católica* dedica a esta matéria, a propósito do sétimo mandamento do decálogo, poderia constituir o ponto de partida deste «Catecismo de Doutri-

---

199. *Propositio* 69.

na social católica». Naturalmente, como aconteceu para o *Catecismo da Igreja Católica*, aquele também limitar-se-ia a formular os princípios gerais, deixando para posteriores fases de aplicação o estudo dos problemas conexos com as diversas situações locais.[200]

O direito a um trabalho digno ocupa um lugar importante na doutrina social da Igreja. Por isso, diante das altas taxas de desemprego, que afligem muitos países americanos, e das duras condições de vida de tantos trabalhadores da indústria e do campo, «é necessário apreciar o trabalho como elemento de realização e de dignidade da pessoa humana. É responsabilidade ética de uma sociedade organizada promover e apoiar uma cultura do trabalho».[201]

Globalização da solidariedade

55. O complexo fenômeno da globalização, como lembrei anteriormente, é uma das características da nossa época, verificável especialmente na América. Dentre esta variada realidade, o aspecto econômico assume grande importância. Com a sua doutrina social, a Igreja oferece uma válida contribuição para a problemática que apresenta a atual economia globalizada. Sua visão moral nesta matéria «apóia-se sobre os três alicerces fundamentais da

---

200. Cf. Sínodo dos Bispos, Segunda Assembléia geral extraordinária, Relação final *Ecclesia sub verbo Dei mysteria Christi celebrans pro salute mundi* (7 de dezembro de 1985), II, B, a, 4: *L'Osservatore Romano* (ed. port. de 22 de dezembro de 1985), 6; João Paulo II, Const. ap. *Fidei depositum* (11 de outubro de 1992): *AAS* 86 (1994), 117; *Catecismo da Igreja Católica,* 24.

201. *Propositio* 69.

dignidade humana, da solidariedade e da subsidiariedade». [202] A economia globalizada deve ser analisada à luz dos princípios da justiça social, respeitando a opção preferencial pelos pobres, que devem ser colocados em condições de defender-se numa economia globalizada, e as exigências do bem comum internacional. Na verdade, «a doutrina social da Igreja é a visão moral que visa estimular os governos, as instituições e as organizações privadas para que projetem um futuro compatível com a dignidade humana. Nesta perspectiva, pode-se considerar as questões relacionadas com a dívida externa, a corrupção política interna e a discriminação tanto dentro das nações como entre elas». [203]

A Igreja na América é chamada não só a promover uma maior integração entre as nações, contribuindo assim a criar uma autêntica cultura globalizada da solidariedade, [204] mas também a colaborar com todos os meios legítimos para a redução dos efeitos negativos da globalização, tais como o domínio dos mais poderosos sobre os mais fracos, especialmente no campo econômico, e a perda dos valores das culturas locais a favor de uma mal-entendida homogeneização.

Pecados sociais que clamam ao céu

56.   À luz da doutrina social da Igreja compreende-se melhor a gravidade dos «pecados sociais que clamam ao

---

202. *Propositio* 74.

203. *Ibid.*

204. Cf. *Propositio* 67.

céu, porque geram violência, rompem a paz e a harmonia entre as comunidades de uma mesma nação, entre nações e as diferentes zonas do Continente».[205] Entre eles devem ser lembrados, «o comércio de drogas, a reciclagem de lucros ilícitos, a corrupção em qualquer ambiente, o terror da violência, a corrida aos armamentos, a discriminação racial, as desigualdades entre os grupos sociais, a destruição irracional da natureza».[206] Estes pecados manifestam uma crise profunda devida à perda do sentido de Deus e pela ausência daqueles princípios morais que devem nortear a vida de cada homem. Sem referências morais, cai-se na avidez desenfreada de riqueza e de poder, que ofusca qualquer visão evangélica da realidade social.

Não raro, isto leva algumas instâncias públicas a descurar a situação social. Domina cada vez mais, em muitos Países americanos, um sistema conhecido como «neoliberalismo»; sistema este que, apoiado numa concepção economicista do homem, considera o lucro e as leis de mercado como parâmetros absolutos a prejuízo da dignidade e do respeito da pessoa e do povo. Por vezes, este sistema transformou-se numa justificação ideológica de algumas atitudes e modos de agir no campo social e político que provocam a marginalização dos mais fracos. De fato, os pobres são sempre mais numerosos, vítimas de determinadas políticas e estruturas freqüentemente injustas.[207]

A melhor resposta, a partir do Evangelho, para esta dramática situação é a promoção da solidariedade e da paz, em vista da efetiva realização da justiça. A tal fim,

---

205. *Propositio* 70.

206. *Ibid.*

207. Cf. *Propositio* 73.

ocorre estimular e ajudar os que são exemplo de honestidade na administração das finanças públicas e da justiça. Ocorre, outrossim, apoiar o processo de democratização que se está realizando na América,[208] pois num sistema democrático são maiores as possibilidades de controle que permitem evitar os abusos.

«O Estado de direito é a condição necessária para estabelecer uma autêntica democracia».[209] Para que esta se possa desenvolver, é necessária a educação cívica e a promoção da ordem pública e da paz. Com efeito, «não há democracia autêntica e estável sem justiça social. Por isso, é necessário que a Igreja ponha maior atenção na formação das consciências, prepare os dirigentes sociais para a vida pública em todos os níveis, promova a educação cívica, a observância da lei e dos direitos humanos e dedique um maior esforço para a formação ética da classe política».[210]

O fundamento último dos direitos humanos

57. Convém lembrar que o fundamento sobre o qual se apóiam todos os direitos humanos é a dignidade da pessoa. «O homem, obra prima divina, é imagem e semelhança de Deus. Jesus assumiu nossa natureza, exceto o pecado; promoveu e defendeu a dignidade de cada pessoa humana sem qualquer exceção; morreu pela liberdade de todos. O Evangelho mostra-nos como Cristo exaltou a

---

208. Cf. *Propositio* 70.

209. *Propositio* 72.

210. *Ibid.*

centralidade da pessoa humana na ordem natural (cf. Lc 12,22-29), na ordem social e na ordem religiosa, até mesmo em relação à Lei (cf. Mc 2,27), defendendo o homem, e também a mulher (cf. Jo 8,11) e as crianças (cf. Mt 19,13-15), que, conforme a época e a cultura reinante, ocupavam um lugar secundário na sociedade. Da dignidade do homem enquanto filho de Deus nascem os direitos humanos e os correspondentes deveres».[211] Por este motivo, «toda violação da dignidade humana é injúria ao próprio Deus, cuja imagem é o homem».[212] Tal dignidade é comum a todos os homens sem exceção, pois todos foram criados à imagem de Deus (cf. Gn 1,26). A resposta de Jesus à pergunta «Quem é o meu próximo?» (Lc 10,29) exige de cada qual uma atitude de respeito pela dignidade do outro e uma atenção cuidadosa dele, mesmo em se tratando de um estrangeiro ou de um inimigo (cf. Lc 10,30-37). Em todas as partes da América a consciência de que os direitos humanos devem ser respeitados cresceu nestes últimos tempos, mas permanece ainda muito a ser feito, se se consideram as violações dos direitos de pessoas e de grupos sociais ainda efetuadas no Continente.

Amor preferencial pelos pobres e marginalizados

58.   «A Igreja na América deve encarnar nas suas iniciativas pastorais a solidariedade da Igreja universal pelos pobres e pelos marginalizados de toda espécie. Sua posição deve compreender a assistência, a promoção, a libertação e a acolhida fraterna. O objetivo da Igreja é

---

211. *Ibid.*

212. III CONFERÊNCIA GERAL DO EPISCOPADO LATINO-AMERICANO, *Mensagem aos povos da América Latina* (Puebla 1979), n. 306.

que não haja nenhum marginalizado». [213] A recordação dos capítulos cinzas da história da América, relativos à prática da escravidão e outras situações de discriminação social, não deve deixar de suscitar um sincero desejo de conversão que leve à reconciliação e à comunhão.

A atenção aos mais necessitados provém da opção de amar de modo preferencial os pobres. Trata-se de um amor que não é exclusivo e não pode ser interpretado como sinal de parcialidade ou de facciosismo; [214] amando os pobres, o cristão segue o comportamento do Senhor, o qual, na sua vida terrena, dedicou-se, com sentimentos de particular compaixão, às necessidades espirituais e materiais das pessoas indigentes.

A obra da Igreja em favor dos pobres em todas as zonas do Continente é importante; deve-se, porém, continuar a trabalhar a fim de que esta linha de ação pastoral seja sempre mais destinada ao encontro com Cristo, o qual, sendo rico, Se fez pobre por nós, a fim de nos enriquecer com a sua pobreza (cf. 2Cor 8,9). É necessário intensificar e estender quanto já se vem fazendo neste campo, com o fim de alcançar o maior número de pobres. A Sagrada Escritura lembra que Deus escuta o grito dos pobres (cf. Sl 34 [33], 7) e a Igreja deve permanecer atenta ao grito dos mais necessitados. Escutando a sua voz, «ela deve viver com os pobres e participar dos seus sofrimentos. [...] Com o seu estilo de vida, as suas prioridades, as suas palavras e as suas ações, ela deve testemunhar que está em comunhão e solidariedade com eles». [215]

---

213. *Propositio* 73.

214. 3 Cf. Congregação para a Doutrina da Fé, Instr. *Libertatis conscientia* (22 de março de 1986), 68: *AAS* 79 (1987), 583-584.

215. *Propositio* 73.

A dívida externa

59. A existência de uma dívida externa que sufoca não poucos povos do Continente americano constitui um problema complexo. Mesmo sem abordar seus numerosos aspectos, a Igreja, na sua solicitude pastoral, não pode ignorar este problema, pois este se refere à vida de tantas pessoas. Por isso, diversas Conferências Episcopais na América, conscientes da sua gravidade, organizaram a este respeito encontros de estudo e publicaram documentos destinados a indicar soluções operacionais.[216] Também eu expressei, em diversas ocasiões, minha preocupação por esta situação, que se tornou, em certos casos, insustentável. Na perspectiva do já iminente Grande Jubileu do Ano 2000, ao recordar o significado social que revestiam os jubileus no Antigo Testamento, escrevi: «No espírito do livro do Levítico (25,8-12), os cristãos deverão fazer-se eco de todos os pobres do mundo, propondo o Jubileu como um tempo oportuno para pensar, além do mais, numa consistente redução, se não mesmo no perdão total da dívida internacional, que pesa sobre o destino de muitas nações».[217]

Reitero o auspício, feito a propósito pelos Padres Sinodais, de que o Pontifício Conselho "Justiça e Paz", junto com outros organismos competentes como a Seção para as Relações com os Estados da Secretaria de Estado, «procure, no estudo e no diálogo com os representantes do Primeiro Mundo e com os responsáveis do Banco Mun-

---

216. Cf. *Propositio* 75.

217. Carta ap. *Tertio millennio adveniente* (10 de novembro de 1994), 51: *AAS* 87 (1995), 36.

dial e do Fundo Monetário Internacional, vias de solução para o problema da dívida externa e normas que impeçam a repetição de idênticas situações por ocasião de futuros empréstimos». [218] Do maior nível possível, seria oportuno que «peritos em economia e em questões monetárias, de prestígio internacional, procedessem a uma análise crítica da ordem econômica mundial, nos seus aspectos positivos e negativos, para, deste modo, corrigir a ordem atual, e propusessem um sistema e mecanismos capazes de garantir o desenvolvimento integral e solidário das pessoas e dos povos». [219]

Luta contra a corrupção

60.   O fenômeno da corrupção é, também na América, notavelmente estendido. A Igreja pode contribuir eficazmente a extirpar este mal da sociedade civil com «uma maior presença de leigos cristãos qualificados que, por sua educação familiar, escolar e paroquial, promovam a prática de valores como a verdade, a honestidade, a laboriosidade e o serviço do bem comum». [220] Para conseguir este objetivo, bem como para iluminar todos os homens de boa vontade, desejosos de acabar com os males derivados da corrupção, é preciso ensinar e difundir em larga escala a parte que corresponde a este tema no *Catecismo da Igreja Católica*, promovendo, ao mesmo tempo, entre os católicos de cada Nação o conhecimento dos documentos publicados a respeito pelas Conferências Episco-

---

218. *Propositio* 75.

219. *Ibid.*

220. *Propositio* 37.

pais das outras Nações.[221] Os cristãos assim formados contribuirão significativamente para a solução daquele problema, esforçando-se por levar à prática a doutrina social da Igreja, em todos os aspectos que lhes afeta na vida e nos que eles podem chegar a influir.

O problema das drogas

61. Quanto ao grave problema do comércio das drogas, a Igreja na América pode colaborar eficazmente com os responsáveis das Nações, os dirigentes de empresas privadas, as organizações não-governamentais e as instâncias internacionais para elaborar projetos destinados a eliminar tal comércio, que ameaça a integridade dos povos na América.[222] Esta colaboração deve estender-se aos órgãos legislativos, apoiando as iniciativas que impedem a «reciclagem do dinheiro», favoreçem o controle dos bens dos que estão envolvidos neste tráfego e cuidam que a produção e o comércio das substâncias químicas com que se obtêm as drogas se realizem de acordo com a lei. A urgência e a gravidade do problema tornam indispensável um apelo aos diversos ambientes e grupos da sociedade civil, a fim de unir-se na luta contra o comércio das drogas.[223] No que diz respeito de modo específico aos Bispos, é necessário — de acordo com uma sugestão dos Padres Sinodais — que eles próprios, como Pastores do

---

221. Cf. *ibid.* Sobre a publicação destes textos, cf. João Paulo II, Motu proprio *Apostolos suos* (21 de maio de 1998), n. IV: *AAS* 90 (1998), 657.

222. Cf. *Propositio* 38.

223. Cf. *ibid.*

Povo de Deus, denunciem com coragem e com força o hedonismo, o materialismo e aqueles estilos de vida que facilmente induzem à droga. [224]

É necessário, também, levar em conta que se deve ajudar aos agricultores pobres, para que não caiam na tentação do dinheiro fácil, conseguido com o cultivo de plantas para a obtenção das drogas. A esse respeito, a FAO e os Organismos internacionais podem oferecer uma preciosa colaboração aos Governos nacionais favorecendo, com vários incentivos, as produções agrícolas alternativas. Seja estimulada também a obra dos que se esforçam por recuperar os que se drogam, dedicando uma atenção pastoral às vítimas da toxicodependência: é fundamental oferecer o justo «sentido da vida» às novas gerações que, se este vier a faltar, terminam freqüentemente caindo na espiral perversa dos entorpecentes. Esse trabalho de reabilitação social também pode constituir um verdadeiro e próprio empenho de evangelização. [225]

A corrida aos armamentos

62.   Um fator que paralisa o progresso de muitas nações na América é a corrida aos armamentos. Das Igrejas particulares da América deve levantar-se um voz profética, que denuncie tanto o rearmamento quanto o comércio escandaloso de armas de guerra, o qual consome enormes somas de dinheiro que deveriam ser, pelo contrário, destinadas a combater a miséria e a promover o desenvolvi-

---

224. Cf. *ibid*.
225. Cf. *ibid*.

mento. [226] Por outro lado, o armazenamento de armas constitui uma causa de instabilidade e uma ameaça para a paz. [227] Eis porque a Igreja permanece vigilante diante do risco de conflitos armados, até mesmo entre nações irmãs. Esta, como sinal e instrumento de reconciliação e de paz, deve procurar «com todos os meios possíveis, inclusive através da mediação e da arbitragem, de agir a favor da paz e da fraternidade entre os povos». [228]

Cultura da morte e sociedade dominada pelos poderosos

63.   Hoje, na América, como em outras partes do mundo, parece entrever-se um modelo de sociedade em que dominam os poderosos, marginalizando e até mesmo eliminando os mais fracos: penso aqui nas crianças não-nascidas, vítimas indefesas do aborto; nos anciãos e nos doentes incuráveis, às vezes objeto de eutanásia; e nos inumeráveis seres humanos postos à margem pelo consumismo e pelo materialismo. Não posso esquecer, também, do desnecessário recurso à pena de morte, quando «outros processos incruentos forem suficientes para defender do agressor e para proteger a segurança das pessoas [...]. De fato, hoje, com os meios à disposição do Estado para reprimir o crime com eficácia, tornando inofensivo quem o cometeu, sem privá-lo definitivamente a possibilidade de redimir-se, os casos de absoluta necessi-

---

226. Cf. Pontifício Conselho «Justiça e Paz», *O comércio internacional de armas. Uma reflexão ética* (1 de maio de 1994): *Ench. Vat.* 14, nn. 1071-1154.

227. Cf. *Propositio* 76.

228. *Ibid.*

dade de supressão do réu são 'já muito raros, se não mesmo praticamente inexistentes'». [229] Este modelo de sociedade é baseado na cultura da morte, estando, portanto, em contraste com a mensagem evangélica. Perante esta realidade desoladora, a Comunidade eclesial propõe-se defender sempre mais a cultura da vida.

A este respeito, os Padres Sinodais, fazendo-se eco dos recentes documentos do Magistério da Igreja, reafirmaram com vigor o incondicionado respeito e total devotamento a favor da vida humana desde a concepção até a morte natural, e exprimem a condenação dos males como o aborto e a eutanásia. Para sustentar estes ensinamentos da lei divina e natural, é essencial promover o conhecimento da doutrina social da Igreja, e esforçar-se a fim de que os valores da vida e da família sejam reconhecidos e defendidos na vivência social e nos ordenamentos do Estado. [230] Paralelamente à tutela da vida, há de ser intensificada, através de várias instituições pastorais, uma promoção ativa das adoções e uma constante assistência às mulheres com problemas na gravidez, quer antes quer depois do nascimento do filho. Mais, há de reservar-se uma especial atenção pastoral às mulheres que sofreram ou procuraram ativamente o aborto. [231]

Como não dar graças a Deus, e como não expressar vivo apreço pelos irmãos e irmãs na fé que na América, junto a outros cristãos e inúmeras pessoas de boa vonta-

---

229. Catecismo da Igreja Católica, n. 2267, que cita João Paulo II, Carta enc. *Evangelium vitae* (25 de marzo de 1995), 56: *AAS* 87 (1995), 463-464.

230. Cf. *Propositio* 13.

231. Cf. *ibid.*

de, estão empenhados em defender, com todos os meios legais, a vida e a tutelar o nascituro, o doente incurável e os inválidos? Sua ação é ainda mais meritória se se consideram a indiferença de muitos, as ameaças eugenéticas e os atentados à vida e à dignidade humana, que diariamente se cometem em todo lugar.[232]

Idêntico cuidado se há de ter pelos anciãos, por vezes descurados e abandonados a si próprios. Estes devem ser respeitados como pessoas; é importante realizar para eles iniciativas de acolhida e de assistência, que promovam seus direitos e garantam, na medida do possível, o bem-estar físico e espiritual. Os anciãos hão de ser protegidos das situações e pressões que poderiam induzi-los ao suicídio; de modo particular, eles devem ser amparados hoje contra a tentação do suicídio assistido e a eutanásia.

Junto aos Pastores do Povo de Deus na América, faço apelo aos «católicos que trabalham no campo médico-sanitário e a todos os que desempenham funções públicas, como também aos que se dedicam ao ensino, a fim de que façam todo o possível para defender as vidas que correm maior perigo, agindo com uma consciência bem-formada segundo a doutrina católica. Os Bispos e os presbíteros têm, neste campo, a especial responsabilidade de testemunhar sem tréguas o Evangelho da vida e de exortar a coerência dos fiéis».[233] Ao mesmo tempo, é indispensável que a Igreja na América ilumine, com oportunas intervenções, a elaboração das decisões das assembléias legislativas, estimulando os cidadãos, seja os católicos seja as

---

232. Cf. *ibid.*
233. *Ibid.*

outras pessoas de boa vontade, a constituir organizações para promover válidos projetos de lei e para se opor aos que ameaçam a família e a vida, que são duas realidades inseparáveis. Hoje em dia, é preciso cuidar especialmente daquilo que se refere ao diagnóstico pré-natal, para que, de modo algum, a dignidade humana seja lesionada.

Os povos indígenas e os americanos de origem africana

64.   Se a Igreja na América, fiel ao Evangelho de Cristo, pensa percorrer o caminho da solidariedade, deve dedicar uma especial atenção àquelas comunidades étnicas que são, ainda hoje, objeto de injustas discriminações. De fato, é preciso extirpar toda tentativa de marginalização das populações indígenas. O que supõe, em primeiro lugar, que se devem respeitar seus territórios e os pactos com elas estabelecidos; da mesma forma, há que responder às suas legítimas necessidades sociais, sanitárias e culturais. Como é possível esquecer a exigência de reconciliação entre os povos indígenas e as sociedades onde vivem?

Desejaria lembrar aqui que também os americanos de origem africana continuam sofrendo, em alguns lugares, preconceitos étnicos, que constituem, para eles, um sério obstáculo para encontrar a Cristo. Tendo em vista que toda pessoa, de qualquer raça e condição, foi criada por Deus à sua imagem, sejam promovidos planos concretos, em que não deve faltar a oração comunitária, que favoreçam a compreensão e a reconciliação entre povos diferentes, constituindo pontes de amor cristão, de paz e de justiça entre todos os homens. [234]

---

234. Cf. *Propositio* 19.

Para alcançar estes objetivos é indispensável formar agentes pastorais competentes, capazes de fazer uso de métodos já legitimamente «inculturados» na catequese e na liturgia, evitando sincretismos que se apóiem numa exposição parcial da genuína doutrina cristã. Igualmente obter-se-á mais facilmente um número adequado de Pastores que desempenhem a própria atividade entre os indígenas, se houver a preocupação de promover vocações para o sacerdócio e para a vida consagrada entre estes povos.[235]

A problemática dos imigrantes

65. O Continente americano conheceu na sua história muitos movimentos migratórios, com contingentes de homens e mulheres chegados às várias regiões, na esperança de um futuro melhor. O fenômeno continua ainda hoje, e engloba, de modo particular, numerosas pessoas e famílias provindas das Nações latino-americanas, estabelecidas nas regiões setentrionais do Continente, a ponto de constituir, em alguns casos, uma considerável parte da população. Com freqüência, estas são portadoras de um patrimônio cultural e religioso rico de significativos elementos cristãos. A Igreja está ciente dos problemas surgidos com esta situação e empenha-se em desenvolver, com todos os meios, a própria ação pastoral entre estes imigrantes, para favorecer o seu estabelecimento no território, e para suscitar, ao mesmo tempo, uma atitude de acolhida por parte das populações locais, convencida de que da mútua abertura trará um enriquecimento para todos.

---

235. Cf. *Propositio* 18.

As comunidades eclesiais não deixarão de ver no fenômeno uma específica chamada a viver o valor evangélico da fraternidade e, ao mesmo tempo, um convite a imprimir um renovado impulso à própria religiosidade, para uma evangelização mais incisiva. Nesse sentido, os Padres Sinodais lembraram que «a Igreja na América deve ser advogada atenta que defende, contra toda injusta e restrição, o direito natural da livre movimentação de toda pessoa dentro da sua nação e de uma nação para outra. É preciso cuidar dos direitos dos migrantes e das suas famílias, e do respeito da sua dignidade humana, inclusive no caso das imigrações ilegais».[236]

Com relação aos migrantes há de haver uma atitude hospitaleira e acolhedora, que os estimule a se inserir na vida eclesial, ressalvadas sempre sua liberdade e a peculiar identidade cultural. Para tanto, é de sobremaneira vantajosa a colaboração entre as Dioceses de onde eles provêm e aquelas em que são acolhidos, inclusive através de específicas estruturas pastorais previstas na legislação e na praxe da Igreja.[237] Dessa forma, pode assegurar-se uma mais adequada e completa assistência pastoral. A Igreja na América deve sentir-se mobilizada pela constante solicitude de não deixar faltar uma eficaz ação evangelizadora dos que acabam de chegar e ainda não conhecem a Cristo.[238]

---

236. *Propositio* 20.

237. Cf. CONGREGAÇÃO PARA OS BISPOS, Instr. *Nemo est* (22 de agosto de 1969), n. 16: *AAS* 61 (1969), 621-622; *Código de Direito Canônico,* câns. 294 e 518; *Código dos Cânones das Igrejas Orientais,* cân. 280, § 1.

238. *Propositio* 20.

CAPÍTULO VI

A MISSÃO DA IGREJA
NA AMÉRICA ATUAL:
A NOVA EVANGELIZAÇÃO

«Assim como o Pai me enviou,
também eu vos envio a vós» (Jo 20,21)

Enviados por Cristo

66.   Cristo ressuscitado, antes da sua ascensão ao céu,
enviou os Apóstolos a anunciar o Evangelho pelo mundo
inteiro (cf. Mc 16,15), conferindo-lhes os poderes neces-
sários para realizar essa missão. É significativo que, antes
de confiar o último mandato missionário, Jesus tenha feito referência ao poder universal que recebera do Pai (cf.
Mt 28,18). Na realidade, Cristo transmitiu aos Apóstolos
a missão recebida do Pai (cf. Jo 20,21), tornando-os assim participantes dos seus poderes.

Mas também «os fiéis leigos, precisamente por serem membros da Igreja, têm por vocação e por missão
anunciar o Evangelho: para essa obra foram habilitados e
nela comprometidos pelos sacramentos da iniciação cristã
e pelos dons do Espírito Santo». [239] De fato, eles foram
«feitos participantes, a seu modo, da função sacerdotal,

---

239. João Paulo II, Exort. ap. pós-sinodal *Christifideles laici* (30
de dezembro de 1988), 33: *AAS* 81 (1989), 453.

profética e real de Cristo».[240] Por conseguinte, «os fiéis leigos, devido à sua participação no múnus profético de Cristo, estão plenamente comprometidos nesta tarefa da Igreja»[241] e, portanto, devem sentir-se chamados e enviados a proclamar a Boa Nova do Reino. As palavras de Jesus: «Ide vós também para a minha vinha» (Mt 20,4),[242] devem ser vistas como dirigidas não só aos Apóstolos, mas a todos aqueles que desejam ser autênticos discípulos do Senhor.

A tarefa fundamental para a qual Cristo envia os seus discípulos é o anúncio da Boa Nova, isto é, a evangelização (cf. Mc 16,15-18). Segue-se daí que «evangelizar constitui, de fato, a graça e a vocação própria da Igreja, a sua mais profunda identidade».[243] Como já disse em outras ocasiões, a singularidade e novidade da situação em que o mundo e a Igreja se encontram, às portas do terceiro milênio, e as exigências que daí derivam, fazem com que a missão evangelizadora atualmente requeira também um novo programa que, no seu conjunto, pode definir-se «nova evangelização».[244] Como Pastor supremo da Igreja, desejo ardentemente convidar todos os membros do Povo de Deus, e de modo especial os que vivem no Continente americano — donde fiz, pela primeira vez,

---

240. CONC. ECUM. VAT. II, Const. dogm. sobre a Igreja *Lumen gentium*, 31.

241. JOÃO PAULO II, Exort. ap. pós-sinodal *Christifideles laici* (30 de dezembro de 1988), 34: *AAS* 81 (1989), 455.

242. Cf. *ibid.*, 2: *l.c.*, 394-397.

243. PAULO VI, Exort. ap. *Evangelii nuntiandi* (8 de dezembro de 1975), 14: *AAS* 68 (1976), 13.

244. Cf. Exort. ap. pós-sinodal *Christifideles laici* (30 de dezembro de 1988), 34: *AAS* 81 (1989), 455.

apelo a um compromisso novo «no seu entusiasmo, nos seus métodos, na sua expressão»[245] — para assumirem este projeto e colaborarem nele. Cada um, ao aceitar esta missão, lembre-se de que o núcleo vital da nova evangelização deve ser o anúncio claro e inequívoco da pessoa de Jesus Cristo, isto é, o anúncio do seu nome, da sua doutrina, da sua vida, das suas promessas e do Reino que ele nos conquistou por meio do seu mistério pascal.[246]

Jesus Cristo, «boa nova» e primeiro evangelizador

67.   Jesus Cristo é a «boa nova» da salvação comunicada aos homens de ontem, de hoje e de sempre; mas, ao mesmo tempo, Ele é também o primeiro e supremo evangelizador.[247] A Igreja deve colocar o centro da sua atenção pastoral e da sua ação evangelizadora em Cristo crucificado e ressuscitado. «Tudo o que se projeta no campo eclesial deve partir de Cristo e do seu Evangelho».[248] Por isso, «a Igreja na América deve falar cada vez mais de Jesus Cristo, rosto humano de Deus e rosto divino do homem. É este anúncio que verdadeiramente mexe com os homens, que desperta e transforma os ânimos, ou seja, que converte. É preciso anunciar Cristo

---

245. *Discurso à Assembléia do CELAM* (9 de março de 1983), III: *AAS* 75 (1983), 778.

246. Cf. Paulo VI, Exort. ap. *Evangelii nuntiandi* (8 de dezembro de 1975), 22: *AAS* 68 (1976), 20.

247. Cf. *ibid.*, 7: *l.c.*, 9-10.

248. João Paulo II, *Mensagem ao CELAM* (14 de setembro de 1997), 6: *L'Osservatore Romano* (ed. portuguesa de 4 de outubro de 1997), 11.

com alegria e fortaleza, mas sobretudo com o testemunho da própria vida». [249]

Cada cristão poderá cumprir eficazmente a sua missão, na medida em que assumir a vida do Filho de Deus feito homem como o modelo perfeito da sua ação evangelizadora. A simplicidade do seu estilo e as suas opções devem ser regras para todos na obra da evangelização. Nesta perspectiva, os pobres hão de ser considerados entre os primeiros destinatários da evangelização, a exemplo de Cristo que dizia de si mesmo: «O Espírito do Senhor (...) me ungiu para anunciar a Boa Nova aos pobres» (Lc 4,18). [250]

Como já indiquei antes, o amor pelos pobres deve ser preferencial, mas não exclusivo. O ter limitado a atenção pastoral pelos pobres com um certo exclusivismo — como assinalaram os Padres Sinodais —, levou, às vezes, a descurar os ambientes dos dirigentes da sociedade, com o conseqüente afastamento da Igreja de muitos deles. [251] Os prejuízos derivados da difusão do secularismo nesses ambientes, tanto políticos como econômicos, sindicais, militares, sociais ou culturais, demonstram a urgência da sua evangelização, que deve ser animada e guiada pelos Pastores, chamados por Deus para cuidar de todos. Estes poderão contar com o apoio daqueles que — e, felizmente, são ainda numerosos — permaneceram fiéis aos valores cristãos: a este respeito, os Padres Sinodais recordaram «o empenho de não poucos (...) dirigentes na construção de uma sociedade justa e solidária». [252] Com o seu

---

249. *Propositio* 8.
250. Cf. *Propositio* 57.
251. Cf. *Propositio* 16.
252. *Ibid.*

apoio, os Pastores enfrentarão a difícil tarefa de evangelização destes setores da sociedade: com renovado fervor e uma metodologia atualizada, dirigir-se-ão aos dirigentes, homens e mulheres, para levar-lhes o anúncio de Cristo, insistindo principalmente sobre a formação das consciências, através da doutrina social da Igreja. Esta formação constituirá o melhor antídoto contra os inúmeros casos de incoerência e, em certos casos, de corrupção existentes na estrutura sociopolítica. Vice-versa, se se descura esta evangelização dos dirigentes, não deve surpreender que muitos deles sigam critérios alheios e, às vezes, claramente contrários ao Evangelho.

O encontro com Cristo impele a evangelizar

68.   O encontro com o Senhor gera uma profunda transformação em todos aqueles que não se fecham a ele. O primeiro impulso que nasce dessa transformação é comunicar aos outros a riqueza descoberta nesse encontro. Não se trata apenas de ensinar aquilo de que tivemos conhecimento, mas de fazer também, à semelhança da mulher samaritana, com que os outros encontrem pessoalmente Jesus: «Vinde ver» (Jo 4,29). O resultado será igual ao que então se verificou no coração dos samaritanos: «Já não é por causa das tuas palavras que acreditamos; nós próprios ouvimos e sabemos que ele é realmente o Salvador do mundo» (Jo 4,42). A Igreja, que vive da presença permanente e misteriosa do seu Senhor ressuscitado, tem como centro da sua missão o empenho de «levar todos os homens a encontrar-se com Cristo». [253]

---

253. *Propositio* 2.

Ela é chamada a anunciar que Cristo é verdadeiramente o Vivente, o Filho de Deus, que se fez homem, morreu e ressuscitou. Ele é o único Salvador de todos os homens e do homem todo e, como Senhor da história, atua continuamente na Igreja e no mundo, por meio do seu Espírito, até ao fim dos séculos. Essa presença do Ressuscitado na Igreja torna possível o nosso encontro com ele, graças à ação invisível do seu Espírito vivificante. Aquele encontro realiza-se na fé recebida e vivida na Igreja, o corpo místico de Cristo. Este, portanto, possui essencialmente uma dimensão eclesial e leva a um compromisso de vida. De fato, «encontrar Cristo vivo significa acolher o amor com que ele primeiro nos amou, optar por ele, aderir livremente à sua pessoa e ao seu projeto, que consiste no anúncio e realização do Reino de Deus». [254]

O chamado faz-nos ir à procura de Jesus: «'Rabbi — que quer dizer Mestre —, onde moras?'. 'Vinde ver', respondeu-lhes. Foram, pois, e viram onde morava e permaneceram junto dele nesse dia (Jo 1,38-39). Esse permanecer não se limita ao dia da vocação, mas estende-se a toda a vida. Segui-lo implica viver como ele viveu, aceitar a sua mensagem, assumir como próprios os seus critérios, abraçar o seu destino, partilhar o seu projeto que é o desígnio do Pai: convidar a todos para a comunhão trinitária e para a comunhão com os irmãos numa sociedade justa e solidária». [255] O desejo ardente de convidar os outros para se encontrarem com Aquele que nós encontramos está na raiz da missão evangelizadora a que é chamada toda a Igreja, mas que é sentida com particular

---

254. *Ibid.*

255. *Ibid.*

urgência hoje na América, depois de ter celebrado os 500 anos da primeira evangelização e quando se prepara para comemorar com gratidão os 2000 anos da vinda do Filho unigênito de Deus ao mundo.

Importância da catequese

69.   A nova evangelização, na qual todo o Continente está empenhado, indica que a fé não pode ser pressuposta, mas deve ser explicitamente proposta em toda a sua amplitude e riqueza. Este é o objetivo principal da catequese, sendo esta, por sua própria natureza, uma dimensão essencial da nova evangelização. «A catequese é um itinerário de formação na fé, na esperança e na caridade, que forma a mente e toca o coração, levando a pessoa a abraçar Cristo de modo pleno e completo. Introduz o crente mais plenamente na experiência da vida cristã, que inclui a celebração litúrgica do mistério da redenção e o serviço cristão aos outros». [256]

Conhecendo bem a necessidade de uma catequese completa, aceitei a proposta feita pelos Padres da Assembléia Extraordinária do Sínodo dos Bispos de 1985, para se elaborar «um catecismo ou compêndio de toda a doutrina católica, tanto em matéria de fé como de moral», que pudesse ser «ponto de referência para os catecismos ou compêndios que venham a ser preparados nas diversas regiões». [257] Essa proposta ficou concretizada com a pu-

---

256. *Propositio* 10.

257. Relação final *Ecclesia sub verbo Dei mysteria Christi celebrans pro salute mundi* (7 de dezembro de 1985), II, B, a, 4: *L'Osservatore Romano* (ed. port. de 22 de dezembro de 1985), 6.

blicação da edição típica do *Catechismus Catholicæ Ecclesiæ*.[258] Além do texto oficial do Catecismo e para uma melhor utilização dos seus conteúdos, quis que fosse elaborado e publicado também um *Diretório Geral da Catequese*.[259] Recomendo vivamente o uso destes dois instrumentos, com valor universal, a todos os que se dedicam à catequese na América. É desejável que ambos os documentos sejam utilizados «na preparação e revisão de todos os programas paroquiais e diocesanos de catequese, tendo presente que a situação religiosa dos jovens e dos adultos requer uma catequese mais querigmática e mais orgânica na apresentação dos conteúdos da fé».[260]

É necessário reconhecer e estimular a missão benemérita que muitos catequistas desempenham, por todo o Continente americano, como autênticos mensageiros do Reino: «A sua fé e o seu testemunho de vida são parte integrante da catequese».[261] Desejo encorajar cada vez mais os fiéis a assumirem, com abnegação e amor ao Senhor, este serviço da Igreja, consagrando-lhe generosamente o seu tempo e os seus talentos. Por seu lado, os Bispos preocupem-se por oferecer aos catequistas uma formação adequada para que possam desempenhar essa tarefa tão indispensável à vida da Igreja.

Sobretudo num Continente como a América, onde a questão social constitui uma dimensão saliente, convém

---

258. Cf. Carta ap. *Lætamur magnopere* (15 de agosto de 1997): *AAS* 89 (1997), 819-821.

259. CONGR. DO CLERO, *Direttorio generale per la catechesi* (15 de agosto de 1997), Libreria Editrice Vaticana, 1997.

260. *Propositio* 10.

261. *Ibid.*

ter presente na catequese que «o crescimento na compreensão da fé e a sua expressão prática na vida social estão intimamente relacionados. As forças que trabalham para favorecer o encontro com Cristo não podem deixar de ter uma positiva repercussão na promoção do bem comum numa sociedade justa».[262]

Evangelização da cultura

70.   O meu predecessor Paulo VI, com sábia inspiração punha em relevo que a «ruptura entre o Evangelho e a cultura é sem dúvida o drama da nossa época».[263] Justamente por isso, os Padres Sinodais consideraram que «a nova evangelização requer um esforço lúcido, sério e organizado para evangelizar a cultura».[264] O Filho de Deus, quando assumiu a natureza humana, encarnou-se no âmbito de um determinado povo, embora a sua morte redentora tenha trazido a salvação a todos os homens, qualquer que seja a sua cultura, raça e condição. O dom do seu Espírito e o seu amor são destinados a todos e cada um dos povos e culturas para os unir entre si à imagem daquela perfeita união que existe em Deus Uno e Trino. Para que isso seja possível, é necessário inculturar a pregação, de forma que o Evangelho seja anunciado na linguagem e na cultura de quantos o ouvem.[265] Simultaneamente, porém, é preciso não esquecer que só o mistério

---

262. *Ibid.*

263. Exort. ap. *Evangelii nuntiandi* (8 de dezembro de 1985), 20: *AAS* 68 (1976), 19.

264. *Propositio* 17.

265. Cf. *ibid.*

pascal de Cristo, suprema manifestação do Deus infinito na finitude da história, poderá ser válido ponto de referência para toda a humanidade peregrina à procura da unidade autêntica e da verdadeira paz.

O rosto mestiço da Virgem de Guadalupe constituiu, desde o início, um símbolo da inculturação da evangelização, da qual ela foi a estrela e a guia. Com a sua poderosa intercessão, a evangelização poderá penetrar no coração dos homens e mulheres da América, e permear as suas culturas transformando-as a partir de dentro.[266]

Evangelizar os centros educacionais

71. O mundo da educação é um campo privilegiado para promover a inculturação do Evangelho. Todavia, os centros educacionais católicos, e os que, mesmo sem ser confessionais, têm de fato uma clara inspiração católica, só poderão desenvolver uma ação de autêntica evangelização se souberem conservar, com clareza e a todos os níveis, incluindo o universitário, a sua orientação católica. Os conteúdos do projeto educativo deverão fazer referência constante a Jesus Cristo e à sua mensagem, tal como a Igreja a apresenta na sua doutrina dogmática e moral. Somente assim será possível formar dirigentes autenticamente cristãos nos diversos campos da atividade humana e da sociedade, especialmente na política, na economia, na ciência, na arte e na reflexão filosófica.[267] Nesse sentido, «é essencial que a Universidade Católica seja,

---

266. Cf. *ibid.*

267. Cf. *Propositio* 22.

ao mesmo tempo, verdadeira e realmente ambas as coisas: Universidade e Católica (...). A índole católica é um elemento constitutivo da Universidade enquanto instituição, não dependendo, portanto, da simples decisão dos indivíduos que, em certo momento, dirigem a Universidade».[268] Por isso, há de ser objeto de particular solicitude o trabalho pastoral nas Universidades Católicas: deve-se promover o empenho apostólico dos estudantes, para se tornarem eles próprios evangelizadores do mundo universitário.[269] Além disso, «é preciso estimular a cooperação entre as Universidades Católicas da América inteira para que se enriqueçam mutuamente»,[270] contribuindo dessa forma para a realização, também em nível universitário, do princípio da solidariedade e de intercâmbio entre os povos de todo o Continente.

Algo parecido deve ser dito a propósito também das escolas católicas, sobretudo no âmbito do ensino secundário: «É preciso fazer um esforço especial para reforçar a identidade católica das escolas, cuja natureza específica se fundamenta num projeto educacional que tem a sua origem na pessoa de Cristo e a sua raiz na doutrina do Evangelho. As escolas católicas devem procurar não só oferecer uma educação qualificada do ponto de vista técnico e profissional, mas também e sobretudo cuidar da formação integral da pessoa humana».[271] Vista a importância da tarefa que desempenham os educadores católicos, uno-me aos Padres Sinodais que, de ânimo agradeci-

---

268. *Propositio* 23.

269. Cf. *ibid.*

270. *Ibid.*

271. *Propositio* 24.

do, encorajaram todos aqueles que se dedicam ao ensino nas escolas católicas — sacerdotes, homens e mulheres consagrados, e leigos comprometidos —, «para que perseverem na sua missão, tão importante».[272] É preciso fazer com que a influência destes centros de ensino chegue, sem distinções nem exclusivismos, a todos os setores da sociedade. É indispensável fazer todo o esforço possível para que as escolas católicas, não obstante as dificuldades econômicas, continuem a oferecer «a educação católica aos pobres e aos marginalizados da sociedade».[273] Nunca será possível libertar os indigentes da sua pobreza, se primeiro não forem libertos da miséria resultante da carência de uma digna educação.

No projeto global da nova evangelização, o setor da educação ocupa um lugar privilegiado. Por isso, há que encorajar a atividade de todos os docentes católicos, inclusive daqueles empenhados em escolas não confessionais. Faço também um apelo urgente aos consagrados e às consagradas, para que não abandonem este campo que é tão importante para a nova evangelização.[274]

Como fruto e expressão da comunhão entre todas as Igrejas particulares da América, reforçada com certeza pela experiência espiritual da Assembléia Sinodal, não há de negligenciar-se a promoção de simpósios para educadores católicos, de âmbito nacional e continental, procurando assim organizar e incrementar a ação pastoral educativa em todos os ambientes.[275]

---

272. *Ibid.*
273. *Ibid.*
274. Cf. *Propositio* 22.
275. Cf. *ibid.*

Para cumprir todas estas tarefas, a Igreja na América tem necessidade, no campo do ensino, de um próprio espaço de liberdade que deve ser entendido, não como um privilégio, mas como um direito, em virtude da missão evangelizadora que lhe foi confiada pelo Senhor. Além disso, os pais têm o direito fundamental e primário de decidir sobre a educação de seus filhos e, por esse motivo, os pais católicos devem ter a possibilidade de escolher uma educação de acordo com suas próprias convicções religiosas. A função do Estado neste âmbito é de caráter subsidiário. Ele tem a obrigação «de garantir a todos a educação e de respeitar e defender a liberdade de ensino. O monopólio do Estado neste campo deve ser denunciado como uma forma de totalitarismo, lesivo dos direitos fundamentais que deve defender, especialmente do direito dos pais à educação religiosa dos seus filhos. A família é o primeiro espaço educativo da pessoa». [276]

Evangelizar através dos meios de comunicação social

72.   Para a eficácia da nova evangelização, é fundamental um profundo conhecimento da cultura atual, na qual têm grande influência os meios de comunicação social. Por isso, é indispensável conhecer e servir-se desses meios, tanto nas suas formas tradicionais como nas formas introduzidas mais recentemente pelo progresso tecnológico. A realidade atual requer que se saiba dominar a linguagem, a natureza e as características da mídia. Utilizando-os de maneira correta e competente, pode-se levar a termo uma

---

276. *Ibid.*

autêntica inculturação do Evangelho. Por outro lado, estes mesmos meios contribuem para modelar a cultura e a mentalidade dos homens e mulheres do nosso tempo, pelo que os agentes no campo dos instrumentos de comunicação social devem ser destinatários de uma especial ação pastoral. [277]

A esse respeito, os Padres Sinodais apontaram numerosas iniciativas concretas para uma presença eficaz do Evangelho no mundo dos meios de comunicação social: a formação de agentes pastorais para esse âmbito; o incremento de centros de produção qualificada; o uso prudente e atento de satélites e das novas tecnologias; a formação dos fiéis para que sejam usuários «críticos»; a união de esforços para adquirir e depois gerir em conjunto novas emissoras e redes televisivas, e também para coordenar as que já existem. Quanto às publicações católicas, estas merecem ser apoiadas e têm necessidade de alcançar, como desejado, um progresso qualitativo.

É preciso animar os empresários para apoiarem economicamente os produtos de qualidade que promovem os valores humanos e cristãos. [278] Mas, um programa tão vasto supera amplamente as possibilidades de cada uma das Igrejas particulares do Continente americano. Por isso, os Padres Sinodais propuseram a coordenação inter-americana das atividades existentes no campo dos meios de comunicação social, que ajude ao recíproco conhecimento e cooperação nas realidades já em ato no setor. [279]

---

277. Cf. *Propositio* 25.

278. Cf. *ibid.*

279. Cf. *ibid.*

O desafio das seitas

73.   A atividade de proselitismo, que as seitas e novos grupos religiosos desenvolvem em várias regiões da América, constitui um grave obstáculo ao esforço evangelizador. A palavra «proselitismo» tem sentido negativo quando reflete um modo de conquistar adeptos não-respeitador da liberdade daqueles que são atingidos por uma determinada propaganda religiosa.[280] A Igreja Católica na América critica o proselitismo das seitas e, por esta mesma razão, na sua ação evangelizadora exclui o recurso a tais métodos. Ao propor o Evangelho de Cristo em toda a sua integridade, a atividade evangelizadora deve respeitar o santuário da consciência de cada indivíduo, onde se desenrola o diálogo decisivo, absolutamente pessoal, entre a graça e a liberdade do homem.

Deve-se levar isto em conta, especialmente quando se trata dos irmãos cristãos das Igrejas e Comunidades eclesiais separadas da Igreja Católica, que estão estabelecidas já há muito tempo em determinadas regiões. Os vínculos de comunhão verdadeira, embora imperfeita, que, segundo a doutrina do Concílio Vaticano II,[281] essas Comunidades já possuem com a Igreja Católica, devem iluminar as atitudes desta e de todos os seus membros face àquelas.[282] Entretanto, essas atitudes não poderão chegar a prejudicar a firme convicção de que somente na Igreja Católica se encontre a plenitude dos meios de salvação estabelecidos por Jesus Cristo.[283]

---

280. Cf. *Instrumentum laboris*, 45.

281. Cf. Decr. sobre o ecumenismo *Unitatis redintegratio*, 3.

282. Cf. *Propositio* 64.

283. Cf. CONC. ECUM. VAT. II, Decr. sobre o ecumenismo *Unitatis redintegratio*, 3.

As conquistas do proselitismo das seitas e dos novos grupos religiosos na América não podem ser encaradas com indiferença. Exigem da Igreja neste Continente um profundo estudo, a ser realizado em cada nação e também em nível internacional, para se descobrir os motivos por que muitos católicos abandonam a Igreja. É necessário fazer uma revisão dos métodos pastorais adotados, para que cada Igreja particular preste aos fiéis uma assistência religiosa mais personalizada, reforce as estruturas de comunhão e missão, e aproveite as possibilidades evangelizadoras que oferece uma religiosidade popular purificada, tornando assim mais viva a fé de todos os católicos em Jesus Cristo, através da oração e da meditação da Palavra de Deus oportunamente comentada. [284] Ninguém ignora a urgência de uma oportuna ação evangelizadora, naqueles setores do Povo de Deus mais expostos ao proselitismo das seitas: a faixa dos imigrados, os bairros periféricos das cidades ou das zonas do campo privadas de uma presença sistemática do sacerdote e, portanto, caracterizados por uma profunda ignorância religiosa, as famílias de pessoas simples que padecem todo tipo de dificuldades materiais. Neste mesmo ponto de vista, revelam-se de grande utilidade as comunidades de base, os movimentos, os grupos de famílias e outras formas associativas onde é mais fácil cultivar relações interpessoais de recíproco apoio espiritual e, inclusive, econômico.

Porém, é necessário ter sempre em conta o risco recordado por alguns Padres Sinodais: uma pastoral orientada quase exclusivamente para as necessidades materiais dos destinatários termina frustrando a fome de Deus des-

---

284. Cf. *Propositio* 65.

tes povos, deixando-os assim numa situação vulnerável perante qualquer suposta oferta espiritual. Por isso, «é indispensável que todos se mantenham unidos a Cristo, por meio do anúncio querigmático jubiloso e visando a conversão, especialmente no caso da pregação na liturgia». [285] Uma Igreja que viva intensamente a dimensão espiritual e contemplativa, e que se dedique, com generosidade, a serviço da caridade, será testemunha de Deus sempre mais convincente para homens e mulheres em busca de um sentido para a própria vida. [286] Em vista disso, cresce sempre mais a necessidade que os fiéis passem de uma fé rotineira, sustentada talvez apenas pelo ambiente, a uma fé consciente, vivida pessoalmente. Renovar-se na fé será sempre o melhor caminho para conduzir todos à Verdade que é Cristo.

Para conseguir que seja eficaz a resposta ao desafio das seitas, requer-se uma adequada coordenação das iniciativas a nível supradiocesano, para se chegar a uma real cooperação através de projetos comuns que poderão dar maiores frutos. [287]

A missão ad gentes

74.   Jesus Cristo confiou à sua Igreja a missão de evangelizar todas as nações: «Ide, pois, ensinai todas as nações, batizando-as em nome do Pai, do Filho e do Espíri-

---

285. *Ibid.*

286. Cf. Conferência Geral do Episcopado Latino-Americano, *Nova evangelização, promoção humana e cultura cristã,* Santo Domingo, outubro de 1992, 139-152.

287. Cf. *Propositio* 65.

to Santo, ensinando-as a observar tudo quanto vos tenho mandado» (Mt 28,19-20). A consciência da universalidade da missão evangelizadora que a Igreja recebeu deve permanecer viva, como aliás o testemunha continuamente a história do Povo de Deus que peregrina na América. A evangelização torna-se mais urgente junto de todos aqueles que, vivendo neste Continente, ainda não conhecem o nome de Jesus, o único nome dado aos homens para se salvarem (cf. At 4,12).

Infelizmente, este nome é desconhecido por larga parte da humanidade e em muitos ambientes da sociedade americana. Basta pensar nas etnias indígenas ainda não cristianizadas ou na presença de religiões não-cristãs tais como o Islamismo, o Budismo, o Hinduísmo, sobretudo entre os imigrantes vindos da Ásia.

Isso obriga a Igreja na América a permanecer disponível para a missão *ad gentes*.[288] O programa de uma nova evangelização no Continente, objetivo de muitos projetos pastorais, não pode limitar-se a revitalizar a fé dos crentes habituais, mas deve também procurar anunciar Cristo nos ambientes onde ele é desconhecido.

Além disso, as Igrejas particulares da América são chamadas a estender este ímpeto evangelizador para além das fronteiras do seu Continente. Não podem reservar só para elas as riquezas imensas do seu patrimônio cristão. Devem levá-lo ao mundo inteiro e comunicá-lo a quantos ainda o ignoram. Trata-se de muitos milhões de homens e mulheres que, sem a fé, padecem da mais grave das pobrezas. Diante de tal pobreza, seria um erro deixar de promover a atividade evangelizadora fora do Continente

---

288. Cf. *Propositio* 86.

com o pretexto de que ainda há muito para fazer na América, ou à espera de se chegar primeiro a uma situação, fundamentalmente utópica, de plena realização da Igreja na América.

Com votos de que o Continente americano, em sintonia com a sua vitalidade cristã, tome parte na grande tarefa da missão *ad gentes*, faço minhas as propostas concretas que os Padres Sinodais apresentaram: «apoiar uma maior cooperação entre as Igrejas irmãs; enviar missionários (sacerdotes, consagrados e fiéis leigos) para dentro e fora do Continente; revigorar ou criar Institutos missionários; favorecer a dimensão missionária da vida consagrada e contemplativa; dar maior impulso à animação, formação e organização missionária».[289] Estou certo de que o zelo pastoral dos Bispos e dos outros filhos da Igreja em toda a América conseguirá suscitar iniciativas concretas, inclusive em nível internacional, que levem a realizar com grande dinamismo e criatividade estes propósitos missionários.

---

289. *Ibid.*

CONCLUSÃO

Com esperança e gratidão

75.   «Eu estarei sempre convosco, até ao fim do mundo» (Mt 28,20). Confiando nessa promessa do Senhor, a Igreja peregrina no Continente americano prepara-se com entusiasmo para enfrentar os desafios do mundo atual e ainda os que o futuro lhe poderá trazer. No Evangelho, a Boa Nova da ressurreição do Senhor é acompanhada pelo convite a não ter medo (cf. Mt 28,5.10). A Igreja na América deseja caminhar na esperança, como afirmaram os Padres Sinodais: «Com serena confiança no Senhor da história, a Igreja prepara-se para cruzar o limiar do Terceiro Milênio sem preconceitos, nem pusilanimidade, sem egoísmo, sem medo nem dúvidas, persuadida do serviço fundamental e primário que deve prestar como testemunho de fidelidade a Deus e aos homens e mulheres do Continente».[290]

Além disso, a Igreja na América sente-se particularmente impelida a caminhar na fé, correspondendo com gratidão ao amor de Jesus, «manifestação encarnada do amor misericordioso de Deus» (cf. Jo 3,16).[291] A celebração do início do terceiro milênio cristão pode ser uma ocasião propícia para que o povo de Deus na América renove «a sua gratidão pelo grande dom da fé»,[292] que

---

290. *Propositio* 58.
291. *Ibid.*
292. *Ibid.*

começou a receber faz cinco séculos. O ano de 1492, sem querer prescindir dos aspectos históricos e políticos, foi o grande ano de graça para a América que acolheu a fé: uma fé que anuncia o supremo benefício da Encarnação do Filho de Deus, que aconteceu há 2000 anos como recordaremos solenemente no Grande Jubileu, já próximo.

Esse duplo sentimento de esperança e gratidão deve acompanhar toda a ação pastoral da Igreja no Continente, repassando de espírito jubilar as diversas iniciativas das dioceses, das paróquias, das comunidades de vida consagrada, dos movimentos eclesiais, e ainda as atividades que for possível organizar em nível regional e continental. [293]

Oração a Jesus Cristo pelas famílias da América

76.   Convido, pois, todos os católicos da América a tomarem parte ativa nas iniciativas evangelizadoras que o Espírito Santo vai suscitando por toda parte deste imenso Continente, cheio de tantas potencialidades e esperanças para o futuro. De modo especial convido as famílias católicas a serem «igrejas domésticas», [294] onde se vive e transmite às novas gerações a fé cristã como um tesouro, e onde se reza juntos. As famílias católicas, se souberem realizar em si mesmas o ideal que Deus lhes confia, converter-se-ão em autênticos focos de evangelização.

No final desta Exortação Apostólica, na qual recolhi as propostas dos Padres Sinodais, de bom grado aceito

---

293. Cf. *ibid.*

294. CONC. ECUM. VAT. II, Const. dogm. sobre a Igreja *Lumen gentium*, 11.

a sugestão que eles fizeram de redigir uma oração pelas famílias na América.[295] Convido os indivíduos, as comunidades e grupos eclesiais, onde dois ou mais se reúnem em nome do Senhor, a revigorar através da oração o vínculo espiritual que une todos os católicos americanos. Unam-se todos à súplica do Sucessor de Pedro invocando Cristo, que é «o caminho para a conversão, a comunhão e a solidariedade na América»:

Senhor Jesus, nós vos agradecemos
porque o Evangelho do amor do Pai,
com o qual viestes salvar o mundo,
foi amplamente proclamado por toda a América
como dom do Espírito Santo
que faz florescer a nossa alegria.
Nós vos damos graças pelo dom da vossa Vida,
que nos oferecestes, amando-nos até ao fim:
ela torna-nos filhos de Deus
e irmãos uns dos outros.
Aumentai, Senhor, a nossa fé e o amor por vós,
que estais presente em tantos sacrários
do Continente.
Concedei que sejamos fiéis testemunhas
da vossa Ressurreição
aos olhos das novas gerações da América,
para que, conhecendo-vos, vos sigam
e encontrem em vós a sua paz e a sua alegria.
Só assim poderão sentir-se irmãos
de todos os filhos de Deus, dispersos pelo mundo.

---

295. *Propositio* 12.

Vós que, fazendo-vos homem, quisestes ser
membro da família humana,
ensinai às famílias as virtudes que resplandeceram
na casa de Nazaré.
Fazei que elas permaneçam unidas,
como vós e o Pai sois Um,
e sejam testemunho vivo de amor,
de justiça e solidariedade;
fazei que sejam escolas de respeito,
perdão e ajuda recíprocos,
para que o mundo creia;
fazei que sejam fonte de vocações
para o sacerdócio,
para a vida consagrada
e para todos os demais modos
de decidido compromisso cristão.
Protegei a vossa Igreja e o Sucessor de Pedro,
ao qual vós, Bom Pastor, confiastes
o encargo de apascentar todo o vosso rebanho.
Fazei que a vossa Igreja floresça na América
e multiplique os seus frutos de santidade.
Ensinai-nos a amar a vossa Mãe, Maria,
como a amastes vós.
Dai-nos força para anunciar corajosamente
a vossa Palavra
ao serviço da nova evangelização,
para consolidar no mundo a esperança.
Nossa Senhora de Guadalupe, Mãe da América,
rogai por nós!

Dado na Cidade do México, dia 22 de janeiro de
1999, vigésimo primeiro ano de Pontificado.

ÍNDICE

INTRODUÇÃO 5

CAPÍTULO I

O ENCONTRO COM JESUS CRISTO VIVO
«Encontramos o Messias» (Jo 1,41) 15

CAPÍTULO II

O ENCONTRO COM JESUS CRISTO
NA AMÉRICA DE HOJE
«A quem muito se deu,
muito será exigido» (Lc 12,48) 25

CAPÍTULO III

CAMINHO DE CONVERSÃO
«Arrependei-vos, portanto,
e convertei-vos» (At 3,19) 43

CAPÍTULO IV

CAMINHO PARA A COMUNHÃO
«Para que todos sejam um, assim como tu, Pai,
estás em mim e eu em ti» (Jo 17,21) 55

CAPÍTULO V

CAMINHO PARA A SOLIDARIEDADE
«Nisto todos conhecerão
que sois meus discípulos,
se vos amardes uns aos outros» (Jo 13,35) 87

CAPÍTULO VI

A MISSÃO DA IGREJA NA AMÉRICA ATUAL: A NOVA EVANGELIZAÇÃO
«Assim como o Pai me enviou,
também eu vos envio a vós» (Jo 20,21) 107

CONCLUSÃO 127

Impresso na gráfica da
Pia Sociedade Filhas de São Paulo
Via Raposo Tavares, km 19,145
05577-300 - São Paulo, SP - Brasil - 2005